이윤기의
그리스 로마 신화

V

이윤기의
그리스 로마 신화

아르고 원정대의 모험

V

이윤기 지음

GREEK AND ROMAN MYTHOLOGY

웅진 지식하우스

240만 독자들의 선택, 이 시대 최고의 베스트셀러
『이윤기의 그리스 로마 신화』
출간 25주년 기념 개정판

"신화의 바다를 향해 처음 닻을 올린 모험가들에게 색다른 길잡이가 될 것이다."
― 김현진 (서울대 영문학과 교수)

"나는 이윤기의 언어를 통해서 문장 속 인물들이 몽롱함을 벗고 최고도의 활력을 누리게 하는 글이 얼마나 독자를 즐겁게 하는지 깨달았다."
― 황현산 (문학평론가)

"신화가 단순히 허구가 아니라 의미 있는 세계관이라는 사실을 일깨운 이. 덕분에 우리 뒤 세대들은 어린 시절부터 그리스 로마 신화를 배우며 성장했다."
― 이주향 (수원대 철학과 교수)

이윤기 소설가 · 번역가 · 신화전문가

"여러분은 지금
신화라는 이름의 자전거 타기를
배우고 있다고 생각하라.
일단 자전거에 올라
페달을 밟기 바란다.
필자가 뒤에서
짐받이를 잡고 따라가겠다."

이 책에 쏟아진 독자들의 찬사

"가장 친근하고, 읽기 쉬운 그리스 로마 신화 책."

"이윤기 선생이 들려주는 신화는 사람 이야기였습니다.
어린 시절 할머니, 어머니가 읊조려주는 듯 나른한 즐거움."

"서양 문화를 한층 깊이 이해하는 데 도움이 된 책.
진작 읽어야 했다는 아쉬움이 든다."

"오래전부터 그리스 로마 신화를 꼭 읽어야지 했는데
이 시리즈 덕분에 해냈어요!"

"이 책은 나의 편협하고 엉성한 지식들을
부드럽고 짜임새 있는 모양으로 잡아주었다."

"그리스 로마 신화에 관련된 책들이 너무나 다양해서
어떤 것부터 읽어야 될지 고민할 때, 이 책이 정답이 될 것입니다."

"『이윤기의 그리스 로마 신화 1』을 처음 읽었을 때의 충격을 지금도 잊을 수 없다.
'신화를 이렇게 해석할 수도 있구나', 색다른 관점을 배웠다."

"간직하고 두고두고 보고 싶은 책! 언젠가 다시 읽어봐야지 생각했어요."

"저자의 독특한 그리스 로마 신화 해석이 돋보입니다."

"이윤기 선생님과 함께한 신화 여행, 너무 행복한 10년이었다.
신화의 꿈을 꿀 수 있게 도와주셔서 고맙습니다."

차례

들어가는 말 이스탄불의 '흐린 주점'에서 9

1장 **이아손, 하산하다** 39

2장 **모노산달로스** 57

3장 **펠리아스의 계략** 87

4장 **영웅들, 배를 띄우다** 109

5장 **렘노스섬의 여인들** 153

6장 퀴지코스의 비극 169

7장 피네우스의 예언 183

8장 금양모피를 향하여 207

9장 항해의 뒷모습 249

나오는 말 273
찾아보기 278

일러두기

- 이 책에 등장하는 그리스 인명, 지명, 신 이름 등은 그리스어 발음대로 표기하였습니다.

들어가는 말
이스탄불의 '흐린 주점'에서

　나는 튀르키예의 최대 도시 이스탄불 인근의 '흐린' 술집을 잊지 못한다. 그 술집에서 두 주먹 불끈 쥐고 굳은 맹세를 세우던 날을, 그리고 그 맹세의 내용을 나는 어제의 일처럼 생생하게 기억한다.

　1999년 당시 나는 미국 미시간주립대학교의 국제대학과 사회과학 대학 연구원으로 8년째 미국에 머물고 있었다. 하지만 그해 1월에는 출판 문제로 긴요하게 검토할 일이 있어서 잠깐 귀국해 경기도 과천에 있는 우리 아파트에 머물고 있었다. 그런데 가까이 사귀던, 이름을 대면 누구나 알 만한 연하의 교수들 몇몇이 작당을 하고는 나를 꾀었다.

　"형, 그리스 가봤어요?"

　"아직 못 가봤어."

　"그리스에도 안 가보고 그리스 신화 책을 줄줄이 썼어요? 튀르키예와 그리스를 아우르는 꾸러미 여행을 기획하고 있는데 동행하지 않겠어요? 형은 신화를 좋아하니까 어차피 그리스와는 낯을 익혀야 하

튀르키예 이스탄불대학교 앞 광장과 이스탄불의 서점 거리에서

튀르키예와 그리스 꾸러미 여행에서는 목에 걸린 조그마한 카메라가 내 장비의 전부였다. 그때 무리수를 두면서까지 그리스 여행을 감행하지 않았더라면, 신화는 아직도 죽음처럼 깊은 잠을 자고 있었을 것이다.

지 않소?"

 망설였다. 8년째 미국에 머물고 있을 때여서 경제적으로 넉넉하지 않았다. 당시 나는 한국과 미국을 오가면서 살았으니 두 살림살이였다. 하지만 그리스 여행 기회는 놓치고 싶지 않았다. 가장 큰 이유는 젊은 교수들 사이에, 그리스에서 공부하고 그리스에서 박사 학위를 받은 그리스 신화 전문가가 포함되어 있었기 때문이다. 나는 그 전문가를 통하여, 그 전문가를 곁눈질하면서, 그 전문가를 '커닝'하면서 그리스를 탐색하고 싶었다. 그래서 경제적으로는 무리수를 두는 줄 알면서도 그 꾸러미 여행에 합류했다.

 튀르키예의 이스탄불에 있는 국립 고고학 박물관을 나는 잊을 수 없다. 여기에는 그리스 신화에 등장하는 신이나 인간의 대리석상이 엄청나게 많다. 튀르키예가 오랜 세월 그리스 식민지 노릇을 했기 때문이다. 에페소스의 로마 식민 시대의 유적도 잊을 수 없다. 그리스 본토 연합군과의 전쟁에서 패배한 트로이아의 '황성옛터'도 잊을 수 없다. 트로이아의 폐허에 서 있는 멋대가리 없이 크기만 하고 엉성하기 짝이 없는 목마도 눈앞에 어른거린다. 하지만 그중 가장 잊을 수 없는 것은 이스탄불의 '흐린 주점'이다.

 '흐린 주점'은 황지우 시인의 시 제목 「어느 날 나는 흐린 주점에 앉아 있을 거다」에서 내가 살짝 가로챈 두 개의 낱말이다.

 이스탄불에는 늦겨울비가 추적추적 내리고 있었다. 그래서 나는 그날의 경험을 '흐린 주점'이라는 두 낱말로 기억한다. 우리 일행은 튀르키예의 소주라고 할 수 있는 독한 술 '라키'를 곁들여 양고기 꼬

에페소스의 극장
에페소스는 그리스, 페르시아, 스파르타, 로마 등 여러 국가의 식민지 시절을 두루 거친 곡절 많은 도시로, 다양한 고대 유적을 볼 수 있다.

치구이인 '케밥'을 뽑아 먹고 있었다. 식당이 있던 곳은 마르마라해$_{海}$ 와 흑해 사이의 해변이었다. 점심을 먹으면서 나는 마르마라해와 흑해를 번갈아 바라보았다. 문득, 정말로 문득, 『아르고 원정대 이야기 $_{Argonautica}$』라는 책이 떠올랐다.

아, 흑해!

그리스 사람들은 바다를 여러 이름으로 불렀는데, 그중 '오케아노스'와 '에욱세이노스'가 있다. 바다가 우호적으로 느껴질 때는 '오케아노스'라고 부른다. '우호적인 바다'라는 뜻이다. 바다를 뜻하는 영어 '오션$_{Ocean}$'은 바로 여기에서 온 말이다. 바다가 심술궂게 느껴질

트로이아 목마 앞에서
덩치만 크고 멋대가리 없는 트로이아 목마상은 황량한 트로이아 유적지의 모습과 닮아 있었다. 우찬제 교수와 함께.

때는 '에욱세이노스'라고 부른다. '적대하는 바다'라는 뜻이다.

신화시대의 그리스인들에게 흑해는 오케아노스가 아니었다. 에욱세이노스였다. 그들에게 흑해는 거의 죽음의 바다였다. 내가 보스포루스해협을 내려다보면서 아르고 원정대의 대장 이아손의 모험을 떠올린 것은 바로 '쉼플레가데스' 때문이었다.

'『아르고 원정대 이야기』에 조금이라도 역사성이 묻어 있다면 쉼플레가데스는 저기 어디쯤에 있었겠지.'

나는 해협을 내려다보면서 이런 생각을 했다.

쉼플레가데스는 '박치기하는 두 개의 바위섬'이라는 뜻이다. 이 두 개의 바위섬은 흑해를 항해하는 배들을 노리고 있다가 배가 두 바위섬 사이로 들어오면 맹렬하게 다가가 배를 사이에다 두고 박치기를 했다. 배가 어떻게 되었겠는가?

 그리스에서 흑해로 들어가자면 보스포루스해협을 지나야 한다. '해협'이 무엇인가? 두 개의 넓은 바다 사이에 있는 좁으장한 바다, 즉 큰 바다의 물길 노릇을 하는 좁은 바다다. 흑해는 자그마치 40개의 크고 작은 강이 흘러드는 큰 바다다. 다뉴브강, 드네프르강, 돈강의 강물도 이곳으로 흘러들어 에게해로 빠져나간다. 그러니 보스포루스해협의 물살이 얼마나 빠르고 험하겠는가? 옛날의 조선 기술로 허술하게 지어진 배로 해협의 물살을 거슬러 흑해로 들어간다는 것은 거의 불가능했다. 그러나 흑해로 들어가려는 그리스 배들은 반드시 이 해협의 물살을 통과해야 했다. '흑해'라는 이름이 암시하고 있듯이 이 바다는 다른 바다에 견주어 물이 조금 더 검어 보인다. 전문가의 설명에 따르면 다른 바다의 물보다 소금기가 더 많아서 그렇단다.

 신화가 전하는 이야기에 따르면 배를 몰고 최초로 쉼플레가데스를 통과한 그리스인은 이아손이다. 이아손은 목숨을 걸고 북방의 나라 콜키스까지 항해하여 금양모피(황금 양의 털가죽)를 수습해 온 영웅이다. 콜키스는 지금의 조지아쯤 된다고 전문가들은 설명한다. 1993년 소련 체제가 무너지고 소련에 속해 있던 조지아가 독립하자 그리스 정부는 1만 명 가까이 되는 그리스인들을 본국으로 데려왔다. 지금도 그리스인들은 이 국가적인 사업을 '금양모피 작전'이라고 부른다.

 '금양모피'가 무엇을 상징하는지 짐작하는 일은 뒤로 미루자. 신화를 서술하는 언어는 상징적 언어다. 상징적 언어를 풀어내는 일은 어렵고도 까다롭다. 그래서 지금 신화 언어의 상징적 의미를 미주알고주알 따짐으로써 독자의 흥을 깨고 싶지 않다.

그 당시 나는 그리스와 로마의 신화에 관련된 책을 네 권이나 쓰고 수십 권을 번역했지만 결과는 그다지 만족스럽지 못했다. 나는 튀르키예의 '흐린 주점'에서 그 까닭을 곰곰이 생각해보았다. 곧 답이 나왔다. 나의 책은 현장에서의 체험을 통하여 쓰였거나 번역된 것이 아니었다. 까만 활자만 잔뜩 찍혀 있는 나의 책은 튀르키예의 '흐린 주점'만큼이나 어두컴컴했다. 컬러의 시대에 흑백 신화 책만 펴낸 것이다. 그러니 될 턱이 있겠는가.

1999년 2월, 흑해를 내려다보면서 내가 떠올린 것은 정확하게 '아르고나우타이(아르고 원정대원들)'를 이끌고 머나먼 북쪽 나라 콜키스로 항해하여 천신만고 끝에 금양모피를 수습해 온 영웅 이아손과 고대 신화가 보스포루스해협 근처에 있었을 것이라고 전하는 쉼플레가데스였다. 흑해가 내려다보이는 튀르키예의 '흐린 주점'에서 나는 주먹을 불끈 쥐었다.

'그렇다, 나도 나의 흑해를 건너자! 나도 나의 쉼플레가데스를 지나자! 나도 나의 금양모피를 수습해야 하지 않겠는가?'

영웅 이아손의 목적지는 콜키스였지만 나의 목적지는 그리스였다. 로마였다. 영웅 이아손이 노렸던 것은 금양모피였지만 내가 노린 것은 신화의 현장 사진, 박물관의 대리석상 사진이었다. 나는 요즈음의 정서에 어울리는 총천연색 신화 책을 쓰고 싶었다.

점심 먹을 동안 그 생각에만 골똘히 매달려 있었던 나에게 연하의 교수가 기어이 한마디 했다.

"형, 어디 아프오? 술자리에서 '마이크'를 독점하는 사람이 형 아니오? 그런데 오늘은 그 말 많던 형이 마이크 한번 안 잡고 흑해만 내려다보시네?"

바로 그날 나는 그리스와 로마의 신화 현장과 박물관과 미술관을 샅샅이 뒤지고 다니기로 결심했다. 문제는 경비와 고달픈 여행을 견뎌낼 수 있는 건강 상태였다. 당시 내 나이 53세, 쉽게 할 수 있는 결심은 아니었다. 그러나 나는 가야 했다. 나는 나의 쉼플레가데스를 빠져나가야 했다. 나의 흑해를 건너야 했다.

그해 2월 말, 튀르키예에서 그리스로 날아갔다. 약 한 주일간의 빠듯한 일정이었지만 나는 그리스를 탐색했다. 기후는 어떤지, 물가는 어떤지, 몇 달 여행하려면 어떤 장비가 필요한지, 경비는 얼마나 들 것인지 꼼꼼하게 점검했다.

그러고는 한국으로 돌아왔다.

두려웠다. 조금만 방심하면 결심이 무너질 것 같았다. 나는 고전 그리스어는 조금 알아도 현대 그리스어는 젬병이었다. 라틴어는 조금 알아도 이탈리아어는 한마디도 알아듣지 못했다. 영국은 문제없지만 프랑스도 두려움의 대상이었다. 나는 프랑스 글말을 조금 읽을 수 있을 뿐 입말은 '그리크 오어 라틴 Greek or Latin(해독할 수 없는 외국어)'이었다. 영어만으로 버틸 수 있을까? 두려움 때문이었을 것이다. 몇 날 며칠 악몽에 시달렸다.

  한국으로 돌아온 즉시 준비 작업을 시작했다. 준비하는 데 3~4개월이 걸렸다. 다행히 경비를 지원하겠다는 출판사가 더러 있었다. 값비싼 카메라 장비를 빌려주겠다는 고마운 친구도 있었다. 묵직한 전문가용, 중간 정도의 일반인용, 조그만 '똑딱 카메라', 여러 개의 렌즈, 거기에다 트라이포드(삼각대)를 더하니 한 짐이었다. 슬라이드 필름 300통도 준비했다. 슬라이드 필름은 한국에서 사는 것이 가장 믿을 만하다고 해서 나중에 300통을 더 유럽으로 공수하게 했으니, 도합 600통이었다.

  1999년 7월 나는 미국으로 가서 카메라 다루는 법을 혼자 연습했다. 완벽하게 연습했던 것은 아니다. 지금도 나의 사진 촬영 실력은 그다지 믿음직스럽지 않다. 나는 내 책에 삽화로 쓸 사진 정도만 찍을 뿐이다. 미국에서 그리스로 떠날 때는 아내와 동행하기로 했다.

  그해 7월 말, 미국에서 그리스로 날아갔다. 머물 곳은 비교적 숙박비가 저렴한 아테네의 인접 소도시 글리파다의 허름한 호텔로 정했다. 그 호텔에서 3개월을 머물렀다. 나는 신학대학 출신이라서 그리스의 알파베타(알파벳)는 생소하지 않았다. 신학도라면 누구나 줄줄 외우는 신약 성서는 헬라어로 쓰인 책이다. 이 '헬라어'는 바로 '고전

그리스의 유적들

뜨거운 그리스의 여름을 견디며 무수한 신화의 유적지를 찾아다녔다. 하얀 대리석 신전 기둥 때문에 제대로 눈 뜨기도 어려운 아크로폴리스(왼쪽 위)와, 델포이의 신탁이 행해진 아폴론 신전(왼쪽 아래), 아르테미스의 자취가 남아 있는 스파르타(오른쪽 위), 엘렉트라 이야기의 무대가 되는 뮈케나이(오른쪽 아래) 등을 훑고 또 훑었다.

들어가는 말

그리스어'다. 그래서 생소하지 않았던 것이다. 미국을 떠나기 전 벼락치기로 그리스 알파베타를 공부한 아내에게는 그렇지 않았던 모양이다. 호텔 방의 문 손잡이에는 세탁물 봉투가 걸려 있었는데, 거기 찍힌 문장을 보고 아내가 말했다.

"어머나, '카타르시스'라는 말, 이런 데도 쓰네?"

'카타르시스'는 '깨끗이 하기' 혹은 '씻기'라는 뜻이다. '정화淨化'라고도 한다.

버스를 처음 탔을 때도 그랬다. 버스 출입구를 바라보고 있던 아내가 그랬다.

"아, '엑소도스'라는 말, 저렇게도 쓰는구나."

'엑소도스' 혹은 '엑소더스'는 '나간다'는 뜻이다. '출입구'라는 뜻이다. 이스라엘인들의 이집트 탈출을 기록한 구약성서 「출애굽기」의 영어 제목이 바로 그리스어에서 온 말 '엑소더스Exodus'다.

우리는 모든 것이 생소하고 모든 것이 신기한 그리스에 약 3개월 머물면서 대중교통이나 빌린 자동차를 이용하여 이 신화의 나라를 구석구석 누비고 다녔다. 유럽에서 미국으로 돌아간 직후, 아내가 그랬다.

"비행기, 기차, 버스, 택시, 페리, 하이드로포일(수중익선)…… 이번 여행에서는 자전거와 오토바이 빼고는 다 타봤네?"

그리스의 7, 8월 더위는 살인적이었다. 아프리카에서 불어오는 뜨거운 바람 때문이라고 했다. 풀이라는 풀은 열풍에 누렇게 말라 있었다. 9월이 되어 우기雨期를 맞기 전에는 푸른 풀을 보기가 매우 어렵다고 했다. 수도 아테네의 한복판에 우뚝 솟아 있는 석회암 산 아크로폴리스에 가장 많이 자라는 식물은 선인장과 용설란이었다.

우리나라 사람들에게 다음과 같은 표현은 그다지 생소하지 않다.

"식기 전에 얼른 드세요."

그리스 사람들은 여름이 되면 이런 말을 자주 한단다.

"데워지기 전에 얼른 드세요."

높이가 100미터쯤 되는 아크로폴리스의 열기는 살인적이었다. 색안경은 사치품이 아니라 필수품이었다. 하얀 대리석 신전 기둥이 숲을 이루고 있는 아크로폴리스에서 색안경 없이 견디기는 거의 불가능했다. 이 아크로폴리스를 몇 차례 올랐는지 기억나지 않는다. 좌우지간 무수히 올랐다. 국립 고고학 박물관은 몇 차례나 드나들었는지 기억나지 않는다. 아무튼 무수히 드나들었다. 남쪽으로는 아프로디테의 신전이 있던 코린토스, 아르테미스 여신을 떠받들던 스파르티(스파르타), 뮈케나이와 티륀스 문명의 유적지를 두루 훑었다. 제우스 신과 헤라 여신의 신전과 최초의 올림픽 경기장이 잘 보존되어 있는 올륌피아에도 다녀왔다. 크레타섬으로 날아가 이라클레이온 국립 고고학 박물관과 크노쏘스 궁전을 들락거리기도 했다. 북쪽으로는 신탁의 신 아폴론의 신전 유적이 있는 델포이, 북부의 대도시 테살로니키의 국립 고고학 박물관, 헤라클레스의 신전 유적지가 있는 타쏘스섬까지 두루 훑었다.

헤라클레스의 사당이 있다고 해서 그리스 최북단의 타쏘스섬까지 올라갔다가 재미있는 일을 겪기도 했다. 타쏘스섬까지는 아테네에서 테살로니키까지 꼬박 여섯 시간, 여기에서 160킬로미터 정도 떨어진 카발라까지 또 두세 시간, 카발라에서 하이드로포일로 또 한 시간 반이 걸렸다. 하루가 꼬박 걸린 셈이다. 헤라클레스의 사당 유적은 별로 볼 것이 없어서 밑지는 장사를 한 기분이었다.

그런데 유적지에서 만난, 동남아시아 사람인 듯한 길손이 나에게 유창한 영어로 물었다.

"일본에서 오신 분들이군요."

일본인이냐, 중국인이냐는 질문을 받으면 발끈하는 한국인들이 많은데 나는 이런 질문을 받아도 별로 기분 나빠 하지 않는다. 한국이

크레타의 크노쏘스 궁전 내 왕비의 침실
영웅 테세우스가 아리아드네의 실타래를 붙들고 탈출한 그 궁전이다.

상대적으로 덜 알려져 있어서 그런 걸, 화를 내면 무엇하나, 이것이 내 생각이다.

"아니요. 한국인이에요."

한국인이라는 말을 듣자 그가 반색을 했다.

"아, 윤다이!"

그리스인들은 '현대Hyundai'를 이렇게 발음한다.

"저는 이 섬에 자주 와요. 하지만 이 타쏘스섬에서 한국인을 처음 봅니다. 세계 어느 나라 관광지에나 널려 있는 일본인들도 잘 찾지 않는 아주 외진 곳이지요. 그러니까 두 분은 한국계 미국인이군요."

"아니요. 미국에 살고 있기는 하지만 우리는 한국인이에요."

"저는 카발라에서 기념품 가게 하는데 영 신통찮아요."

"우리처럼 아시아에서 오신 것 같은데요?"

"아닙니다. 네덜란드계 그리스인입니다."

맙소사, 네덜란드계 그리스인이라니? 키도 나보다 훨씬 작고 몸무게도 나보다 덜 나갈 것 같고 피부색도 나보다 훨씬 더 짙은 사람이 네덜란드계 그리스인이라니! 하기야 전날 우리가 묵은 항구도시 카발라는 유대인들이 세운 도시, 유대인이 가장 많이 사는 도시였다. 카발라는 인종 전시장을 방불케 했다.

의아해하는 내 표정을 읽었는지 그가 천천히 설명했다.

"'바타비아'라고 들어보셨겠지요? 네덜란드 식민지 시절에 불리던 자카르타의 옛 이름이지요. 우리 집안은 19세기 말에 인도네시아에서 네덜란드로 이주했지요. 우리 형제들은 모두 네덜란드에서 태어

카발라의 항구
항구 도시 카발라는 다양한 인종의 사람들을 만날 수 있는 곳이다.

났고요. 아내가 그리스인이에요. 그래서 내가 카발라에 살고 있는 거지요."

하여튼 그해 여름 우리 부부는 온 그리스 땅을 다 누볐다. 그러지 않을 수 없었다. 대부분의 나라에서는 역사적 유물이나 문화재를 국립 중앙 박물관에다 모아서 전시한다. 하지만 그리스는 다르다. 유적이 있는 곳에는 박물관이 있다. 유적에서 발굴된 유물은 바로 현지의 박물관에 전시된다. 따라서 국립 중앙 박물관 하나만 찾아가서는 유물을 제대로 볼 수가 없다.

그리스를 누비는 기간은 긴장의 연속이었다. 예상했던 대로 의사소통이 문제였다. 아테네에는 외국인이 많아 영어로 대충 소통이 가능했다. 하지만 지방으로 나가면 영어는 무용지물이었다. 어느 날 아르고스 지방으로 내려가다 고속도로 출구를 잘못 빠져나와 길을 잃은 적이 있다. 마을 사람들에게 길을 물었지만 저희끼리 핏대를 올리며 토론만 잔뜩 할 뿐 그들이 손짓 발짓으로 가르쳐주는 길은 엉터리일 가능성이 많았다. 할 수 없이 외국인을 비교적 자주 접촉할 가능성이 있는 주유소 주인에게 길을 물었다. 길고 정중한 영어는 소용없었다. 나는 주유소 주인에게 소리쳤다.

"아르고스, 아르고스!"

그러자 주유소 주인이 더없이 간명하게 대답했다.

"아우또반 뜨리뽈리 세븐 낄로메떼르 아르고스(트리폴리로 가는 고속도로를 타고 7킬로미터만 가면 아르고스입니다)!"

주유소 주인은 이렇게 소리치고는, 내가 온 방향을 손가락질한 다음 두 팔로 먼저 '열 십+' 자를 그렸다. 그런 다음에는 손가락 두 개를 세웠다가 오른쪽을 가리켰다. 무슨 뜻인지 알 만했다. 온 방향으로 가면 갈림길이 나온다, 두 번째 갈림길에서 우회전, 7킬로미터 달리면 트리폴리로 가는 고속도로가 나온다, 이런 뜻이었다. 이 에피소드는 2007년에 펴낸 『이윤기의 그리스 로마 신화』 제4권 '헤라클레스의 12가지 과업'에도 쓴 바 있다.

그리스인들은 자동차 운전을 거칠게 하는 것으로 악명이 높다. 유럽에서 교통사고 사망자가 가장 많은 나라가 그리스다. 오토바이는 또 왜 그렇게 많은지. 그리스 오토바이 운전자들은 자동차가 빨리 저희들 갈 길을 비켜주지 않으면 빵빵거리며 지나다 뒷발길질로 자동차 백미러를 걷어차버리는 것으로 유명하다. 몹시 약이 오르지만 자동차의 물결 사이로 요리조리 방향을 바꾸면서 내달리는 오토바이를 자동차로 따라잡을 수는 없다.

강도로 추정되는 자들과 조우한 경험도 있다. 크레타섬의 수도 이라클레이온에서 했던 끔찍한 경험이다. 택시를 잡아타고 소설가 니코스 카잔차키스의 무덤으로 가는 길이었다. 운전기사는 우리가 택시에 오르기 직전에 공중전화 부스에서 어딘가로 전화를 걸고 나왔다. 택시는 끝없이 이어지는 비좁은 골목길을 지나다 갑자기 멈추었다. 앞문이 열리면서 덩치가 레슬링 선수만큼이나 좋은 사내가 들어오더니 앞자리 조수석을 차고앉았다. 유럽에서는 좀체 보기 어려운 불법 합승 행위였다.

덩치 큰 자가 운전기사와 나누는 말을 나는 한마디도 알아들을 수 없었다. 카메라 때문이라고 나는 어렴풋이 헤아렸다. 나의 카메라 장비는 합하면 그 값이 1천만 원이 넘는 고급품들이었다. 그리스에서는 엄청나게 큰돈이었다. 그 값비싼 장비가 모두, 대형 카메라 한 대를 제외하고는 내가 입고 있던 검은 가죽조끼 주머니에 들어 있었다. 나는 왼손에다 대형 카메라 끈을 졸라매고, 조수석에 앉은 자가 강도로 돌변하면 언제든지 갈길 준비를 했다. 오른손으로는 스위스제 주머니칼을 꺼내어 날을 펴고는 만지작거렸다. 싸움이라면 나도 자신이 있었다.

카잔차키스의 묘
『그리스인 조르바』로 우리에게 친숙한 니코스 카잔차키스는 크레타섬 출신이다. 그의 묘지로 가는 도중 만난 자들이 정말 강도였다면, 저기서 저렇게 태연히 사진을 찍지는 못했으리라.

 조금이라도 이상한 짓을 하면 붙을 생각이었다. 운전기사가 내 주머니칼을 보았던 것일까? 아무 일도 일어나지 않았다. 아내는 아니라고 했지만 나는 지금도 그들이 내 카메라 장비를 노렸을 것이라고 믿는다. 요즘은 모르겠지만 11년 전만 해도 그리스는 그런 나라였다.
 지진 때문에 그리스에서 죽을지도 모른다는 흉측한 예감에 시달린 적도 있다. 하루는 호텔 화장실의 변기에 앉아 있다가 어떤 힘에 의해 뒤로 서너 번 앞으로 서너 번 떠밀린 적이 있다. 황급히 화장실을 뛰쳐나갔다. 침대에 누워 있던 아내도 똑같은 일을 당했다고 했다. 나는 아내에게 소리쳤다.

"빨리 '테레비' 틀어보자! 미국의 CNN 채널이 있더라."

과연 지진이었다. 오래지 않아 화면에 지진 피해 지역 그림과 사망자 수 집계가 떴다. '네크로이(사망자) 17명'이었는데 시간이 지남에 따라 사망자는 자꾸만 늘어갔다. 아테네에서 그리 멀지 않은 도시 필라델피아('형제 사랑'이라는 뜻)가 진앙지라고 했다. 그리스에서 도망치고 싶었다. 당시 아들은 미국에서 대학 다니고 있었고, 딸은 한국에서 고등학교 다니고 있었으며, 우리 부부는 그리스에 묶여 있는 상황이었다. 아들딸을 위해서라도 그리스를 탈출하고 싶었다. 당시의 아테네 관문 올림포스 국제공항은 호텔에서 택시로 15분 거리에 있었다. 아내만 비행기에 태우는 방법이 있기는 했다. 하지만 아내가 분명히 거절할 것 같았다. 우리 부부는 공포를 이기기 위해 독한 술을 나눠 마시면서 그날 밤을 버티었다. 취기가 오르고 나니 간덩이가 커지면서, 그리스에서 죽는 것도 썩 괜찮겠다 싶었다. 다음 날 북부 도시 테살로니키로 가면서 바라본 필라델피아는 폐허가 되어 있었다. 장거리 버스가 출발하는 케피소스 터미널의 매표소 벽은 군데군데 너비가 10센티미터가량 되게 갈라져 있었다. 튀르키예와 함께 그리스는 날림 건축물이 많은 것으로 유명하다.

오래 하고 보니 호텔 생활도 쾌적한 것만은 아니었다. 저녁 식사는 주로 밖에서 했지만 아침 식사, 혹은 이따금씩 하는 점심 식사는 호텔 식당에서 하는 것이 보통이었다. 메뉴를 보고 음식을 주문하는 식당이 아니었다. '뷔페식'으로 차려지는 음식은 종류가 거의 매일 지겹도록 똑같았다. 어느 날 내가 호텔 식당 관리인에게 푸념했다.

"우리, 이 호텔에 두 달째 장기 투숙하고 있는데, 음식이 어째 만날 똑같아서 지겨워 죽겠어요."

그러자 평소에 싱거운 소리를 잘하는 식당 관리인이 대답했다.

"다른 손님들은 지겨워하지 않는데요?"

"참을성 있는 손님들이군."

"그게 아니고요, 음식은 바뀌지 않지만 손님은 거의 매일 바뀌거든요."

그해 10월 우리 부부는 짐을 호텔에 맡겨놓고 프랑스로 올라갔다. 루브르 박물관과 오르세 미술관을 비롯한 여러 박물관을 뒤지고 다녔다. 루브르 박물관을 몇 번이나 드나들었는지 기억해내려면 한참 걸린다.

그다음은 영국이었다. 파리에서 유로스타 고속전철을 타고 터널을 통하여 도버해협을 건넜다. 대영박물관부터 뒤지고 다녔다.

영국은 영어가 통하는 나라여서 마음 편하게 여행할 수 있었다. 런던의 한 음식점에서 있었던 일도 잊히지 않는다. 손님들은 모두 접시에 코를 박고 짜기만 할 뿐 맛대가리 하나도 없는 영국 음식을 먹고 있었다. 영국인들은 식사 중에는 대화를 하지 않는 것으로 유명하다. 그게 좀 보기 싫어서 나는 파리에서 합류한, 20년째 프랑스에서 살고 있던 처제(아내의 여동생)에게 약간 큰 소리로 농담을 던졌다. 물론 옆자리 영국인들이 알아들을 수 있도록 영어로 말했다.

"처제, 프랑스 사람들 영어 잘 못한다는 거 알고는 있었지만 이럴 수가 있어? 파리의 한 노천카페에서 맥주를 마시고는 '빌$_{bill}$(음식값 계산서)'을 갖다 달라고 했더니, 세상에, '비어$_{beer}$(맥주)'를 더 갖다주는 게 아니겠어? 내 영어 발음이 그렇게 형편없는 것도 아닌데."

 프랑스인들을 흉보면 가장 좋아하는 사람들이 바로 영국인들, 영국인들 흉보면 가장 좋아하는 사람들이 바로 프랑스인들이라는 걸 알고 있던 내가 즉석에서 지어낸 농담이었다. 나의 농담을 엿들었는지 옆자리의, 유럽인으로 보이는 여성이 푸하하 소리를 내며 박장대소했다. 영국인에게서는 좀체 들을 수 없는 웃음소리였다. 이상하다 싶어서 내가 물어보았다.

 "영국인이세요?"

 여성의 대답이 걸작이었다.

 "아니에요. 미국에서 여행 왔어요."

 그다음 목표는 로마였다. 중요한 로마의 박물관은 빠짐없이 훑었다. 파리와 로마는 웬만한 곳은 거의 도보로 닿을 수 있을 정도로 중요한 박물관이나 유적지가 밀집해 있다. 중요한 역사 유적이 사대문 안에 밀집해 있는 우리 서울과 비슷하다. 우리는 거의 매일 하루 종일 걸었다.

 나는 세 대의 카메라를 목에 걸었고, 아내는 네 개의 렌즈를 짊어졌다. 무거운 짐을 매달고 일고여덟 시간씩 걷다가 숙소로 돌아오는 날은 발이 아프고 다리가 아팠다. 피로에 시달리기는 했지만 그것은 달콤한 피로였다. 무거운 짐 때문에 어깨가 아파, 숙소에 돌아오면 나와 아내는 서로 '어깨 주물러주기 놀이'를 즐기기도 했다. 고단한

하루하루였지만 부부가 생판 모르는 나라를 함께 여행하면 사이가 퍽 좋아진다고 나는 믿는다.

이탈리아는 나와 궁합이 잘 맞지 않았는지 두 차례나 어이없는 실수를 저지르기도 했다. 로마 국립 박물관이었던가? '아프로디테의 탄생'이라는 대리석상이 보고 싶어서 찾아갔다. 박물관 측에서는 이 유명한 대리석상은 2층에 있는데, 오후 1시부터 3시까지만 학예사의 입회 아래 공개된다고 했다. 나는 시계를 보아가면서 1층의 유물들을 촬영했다. 1시가 되어 2층으로 올라갔다. 학예사는 보이지 않았다. 2층을 거의 두 시간이나 둘러보았지만 '아프로디테의 탄생'은 보이지 않았다. 3시가 넘어서야 1층으로 내려와 관리 직원에게 까닭을 물어보았다. 아뿔싸! 나는 이탈리아에서는 맨 아래층을 '바닥층', 우리의 2층을 '1층', 우리의 3층을 '2층'이라고 부른다는 것을 까맣게 잊고 있었던 것이다.

일주일간의 로마 취재를 마치고 그리스로 날아가기 위해 레오나르도 다 빈치 국제공항으로 갔다. 비행기 표를 내밀고 체크인을 부탁하자 그리스 항공사 직원은 고개를 절레절레 흔들었다. 다음 날의 비행기 표라고 했다. 그러니까 우리가 하루 일찍 공항으로 나왔던 것이다. 내가 좀 덜렁거리는 데다 사진 찍는 데 정신이 팔려 날짜 따지는 데 소홀한 탓이었다. 하지만 그런 일 빈틈없이 꼼꼼하게 챙기는 데는 선수인 아내가 왜 그런 실수를 했는지 나는 아직도 잘 모르겠다.

약 4개월 동안 우리가 여행한 곳은 4개국이었다. 지금은 영국을 제외하고는 모두 '유로화'를 쓰지만 당시 그리스는 '드라크마', 프랑스는 '프랑', 영국은 '파운드', 이탈리아는 '리라' 단위를 썼다. 나라가 바뀔 때마다 비행기 갈아타랴, 돈 바꾸랴, 그러느라고 아마 정신이 좀 어수선해져 있어서 그런 일이 일어났던 것 같다. 다 빈치 국제공항의 그리스 항공사 직원에게 매달리다시피 하고 사정사정하는 데 그치지 않고 추가 요금까지 물지 않았더라면 그날 우리는 그리스로

스파르타에서
늠름한 스파르타 전사의 동상 앞에서.

돌아가지 못했을 것이다.

그해 나와 아내는 11월이 되어서야 그리스에서 잠시 머물다 미국으로 돌아갈 수 있었다. 당시 아들과 내가 살던 아파트는 교내의 '스파르탄 빌리지(스파르타인의 마을)'에 있었다. 학교의 미식축구장 이름은 '스파르탄 스테이디엄(스파르타인의 운동장)'이었다. 학교를 상징하는 문구는 '마그나 마테르(큰신 어머니)', 바로 그리스 신화에 나오는 풍요의 여신 퀴벨레의 별명이었다. 학생회장은 연설할 때마다 '펠로우 스파르탄(스파르타인 여러분)'을 외쳤다. 아들딸이 다닌 고등학교 스포츠 팀의 별명은 '트로전(트로이아 사람들)'이었다. 아파트로 돌아간 나는 아들이 사다 준 그리스 음식점의 스테이크를 안주 삼아 그리스에서 사 들고 간 '우조(그리스식 독한 소주)'를 마시고는 이틀 동안 '죽음만큼이나 깊은 잠'을 잤다. 아득한 옛날에 숨이 끊어진 줄 알고 있던 그리스 신화는 미국에 여전히 시퍼렇게 살아 있었다.

일삼아 손꼽아 헤아려보니 찍은 사진만 해도 1만 5천여 장에 가까웠다. 유럽 여행을 끝내고 나는 이런 농담을 자주 했다.

"나는 베트남 전쟁 때 소총 조준하느라고 14개월 동안 수도 없이 왼쪽 눈을 감은 사람이다. 이번 여행에서는 사진 찍느라고 수도 없이 오른쪽 눈을 감았으니 내 눈의 운명이 참 기구하도다."

미국에서 한국으로 영구 귀국한 직후 그리스와 로마 신화 책을 쓰기 시작했다. 반응이 좋아서 쓰고 또 썼다. 지난 10년 동안, 유럽에서 찍어온 사진을 실어 네 권의 번역서 개정판을 내었고, 새로 일곱 권을 썼으니 이 책은 여덟 번째로 내가 쓰는 신화 책이 되는 셈이다. 나의 신화 책은 많은 독자로부터 과분한 사랑을 받고 있다. 나는 이따금씩, 튀르키예의 흐린 주점에서 나의 흑해를 건너야 한다고 결심하지 않았으면 어찌 되었을꼬, 이런 생각에 잠기고는 한다.

　나의 1999년 유럽 여행은 참으로 초라했다. 카메라 장비는 거의가 빌린 것들이라 사진 찍으면서도 늘 조심스러웠고, 비용도 넉넉하지 않아서 되도록 값싼 호텔을 전전해야 했다. 그리스에서 두어 주일 렌터카를 이용한 적이 있기는 하다. 하지만 대부분의 여행은 대중교통을 이용했다. 1999년 이래로 나는 틈만 나면, 기회가 닿기만 하면 유럽으로 신화 기행을 떠난다. 카메라 장비, 이제는 내 것 일습을 마련한 만큼 빌릴 필요가 없다. 싸구려 호텔을 전전하지도 않는다. '흐린 주점'에도 잘 들어가지 않는다. 다소 여유가 생겼기 때문이기도 하다.

　하지만 더 중요한 것은 내가 나의 흑해를 더 이상 두려워하지 않게 되었다는 것이다. 이아손의 아르고호를 통과시킨 뒤부터 '박치기'를 그 만둔 쉼플레가데스가 그렇듯이 이제 나의 쉼플레가데스는 더 이상 나의 앞길을 가로막지 못한다. 나의 흑해를 향해 배를 띄우기 시작하고부터 두려움과 망설임은 내게서 사라지기 시작했다는 것이다.

시작은 참으로 중요한 것이다. 이 책을 쓰면서 원정대장 이아손의 '위대한 시작', '위대한 결의'를 묵상한다. 고대의 그리스인 플루타르코스(영어 이름은 '플루타크')의 『플루타르코스 영웅전』을 읽다가 눈에 번쩍 뜨이는 다음과 같은 구절을 발견했다.

> 클레이데모스는 다소 독특하고 거창한 이야기를 들려주고 있다. 무대는 아주 먼 옛날로 거슬러 올라간다. 당시 헬라스(그리스) 전역에는 어떤 트리에레스(노가 3단으로 되어 있는 배)도 다섯 명 이상의 선원을 태우고는 항구를 빠져나갈 수 없다는 법이 있었다. 유일한 예외는 아르고 원정대장 이아손이었다.

'테세우스 편'에 실려 있는 글이다. 테세우스는 신화의 주인공이라기보다는 반쯤은 역사적인 인물이다. 이아손은 영웅 신화의 주인공이지만 굳이 따진다면 반쯤은 역사적인 인물 테세우스와 거의 같은 시대에 속한다. 바로 그 시대에, 다섯 명 이상의 선원을 태우고 항구를 빠져나가는 일은 법적으로 금지되어 있었단다. 불법 무역 때문에 그랬으리라. 창대한 항해 시대의 시작은 이토록 미약했다.

『아르고 원정대 이야기』의 저자 아폴로니오스는 아르고호를 거창하게, 웅장하게 묘사하고 있지만 승선 인원은 겨우 50명, 항해한 거리는 5600킬로미터 정도로 짐작된다. 지금은 어떤가? 미국의 9만 7천 톤급 항공모함 조지 워싱턴호는 승무원 6천 명에 항공기 90대를 싣고 다닌다. 갑판 넓이가 축구장 세 개를 합친 것과 같단다. 전투병만 싣는다면 몇만 명 승선도 가능하단다.

하지만 아르고호가 '위대한 시작'을 감행하지 않았다면 오늘날 이런 거대한 항공모함이 지어지는 것이 가능했겠는가? 라이트 형제가 항공기를 만들어 역사상 최초로 비행한 거리는 36미터밖에 안 된다. 이 거리는, 세계에서 두 번째로 큰 여객기 '보잉 747'의 화물칸 길이에도 미치지 못한다. 하지만 라이트 형제의 '위대한 시작'이 없었다고 하더라도 이런 대형 항공기의 출현이 가능했을까?

나는 내 연하의 독자들을 향하여, 특히 좌절을 자주 경험하는 독자들을 위하여 활을 겨누듯이 겨냥하고 쓴다. 먼 길을 가자면 높은 산도 넘고 깊은 물도 건너야 한다. 먼 바다를 항해하자면 풍랑도 만나고 암초도 만난다. 이 장애물들이 바로 개인의 흑해, 개인의 쉼플레가데스다.

이것이 두려워 길을 떠나지 못한다면, 난바다로 배를 띄우지 못한다면 우리 개개인에게 금양모피는 없다. 흑해와 쉼플레가데스는 누구에게나 있다. 우리는 우리의 쉼플레가데스 사이를 지나고 우리의 흑해를 건너야 한다. 시작 없이, 모험 없이 손에 들어오는 '금양모피'가 어디에 있겠는가?

우리가 넘어야 하는 산은 험악할 수 있고, 우리가 건너야 하는 강은 물살이 거칠 수도 있다. 우리가 건너야 하는 바다도 늘 잔잔하지는 않다. 하지만 명심하자. 잔잔한 바다는 결코 튼튼한 뱃사람을 길러내지 못한다. 신화적인 영웅들의 어깨에 무등을 타면 우리는 더 멀리 볼 수 있다. 내가 영웅 신화를 쓰는 까닭은 바로 여기에 있지 다른 데 있는 것이 아니다.

'들어가는 말'이 좀 길었다.

1장
이아손, 하산하다

GREEK
AND
ROMAN
MYTHOLOGY

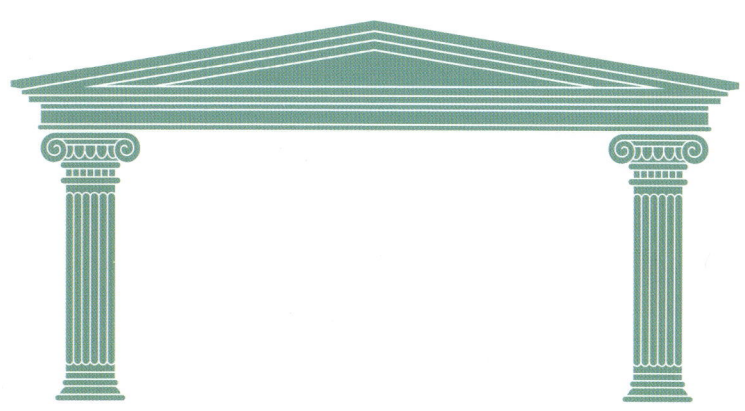

    신화는 역사가 아니다. 따라서 신화 속의 사건이 언제 발생했는지 그 연도를 따지는 것은 별로 의미가 없다. 하지만 역사가들이 역사적 근거를 대면서 벅벅 우기기를 좋아하니 신화가 발생한 시기를 어림하여 추정하는 것도 굳이 피할 일은 아니다.

    우리의 주인공 이아손이 아르고호를 지휘하여 머나먼 북방의 나라 콜키스로 떠난 시기를 역사가들은 기원전 1300년 무렵, 그러니까 지금으로부터 약 3300년 전일 것이라고 미루어 짐작한다. 어떻게 계산했던 것일까? 트로이아 전쟁이 그 실마리를 제공한다.

    이아손의 아르고 원정대원 중에 펠레우스라는 영웅이 있었다. 펠레우스는 '의로운' 사람이었다. 그는 신들이 좋아할 만한 사람이었다. 인간인 그가 여신과 결혼한 것만 보아도 그가 얼마나 신들의 은총을 받았는지 짐작할 수 있다.

    트로이아 전쟁에서 용감하게 싸우다 발뒤꿈치에 화살을 맞고 장렬하게 전사한 그리스 연합군의 장군이 있다. 바로 아킬레우스다. 원

칼뤼돈의 멧돼지와 씨름하는 펠레우스
펠레우스는 멜레아그로스를 도와 칼뤼돈의 멧돼지 사냥에 나선다. 하지만 멧돼지 대신 악토르 왕의 아들 에우뤼티온을 잡는 바람에 그 죗값을 치르기 위해 이올코스를 찾았다가 곤경에 빠진다.

펠레우스와 테티스의 결혼식
펠레우스와 테티스의 결혼식은 트로이아 전쟁의 발단이 된 '황금 사과 사건'으로 더 유명해졌다. 네덜란드 화가 코르넬리스 반 하를렘의 그림.

래 아킬레우스의 몸은 화살을 맞아도 죽지 않도록 '프로그래밍'되어 있었다. 어머니인 테티스 여신이 아킬레우스를 낳는 즉시 저승을 흐르는 강 스튁스에 아기 아킬레우스를 담갔기 때문이다. 스튁스의 물에 젖어본 몸은 때가 되어도 죽지 않는다. 그런데 어머니 테티스 여신은 이때 아들에게 치명적인 실수를 저질렀다. 아기 아킬레우스의 발목을 쥐고 강물에다 담근 것이다. 따라서 아킬레우스의 발목은 스튁스강 물에 젖지 않았다. 그래서 아킬레우스의 몸은 화살을 맞아도 죽지 않지만 발목 뒤의 힘줄이 화살을 맞으면 아킬레우스도 별수 없이 죽어야 한다. 그래서 인간의 치명적인 약점을 우리는 '아킬레스건', 즉 '아킬레우스의 발목 힘줄'이라고 부른다.

아킬레우스를 스튁스강에 담그는 테티스 여신
테티스 여신이 좀 더 세심했더라면 어땠을까?

트로이아 전쟁 때 전사한 아킬레우스와 이아손이 무슨 관계가 있느냐고? 아르고 원정대원이었던 펠레우스가 바로 이 아킬레우스의 아버지였다. 그러니까 트로이아 전쟁과 아르고호의 원정은 거의 같은 시대에 있었던 일이라는 것이다. 트로이아의 유적지를 샅샅이 파헤치고 거기에서 출토된 유물의 연대 측정을 통하여 트로이아 전쟁이 기원전 1300년, 그러니까 지금으로부터 약 3300년 전에 있었던 사건이라고 밝힌 사람들은 역사학자들과 고고학자들이었다. 그러니 신화를 풀어나가는 데 어차피 별 도움이 되지는 않지만 아르고 원정대가 먼 바다로 나간 것도 약 3300년 전의 일이라는 걸 인정할 수밖에.

좋다. 약 3300년 전이라고 치고 이야기를 풀어나가 보기로 하자.

지금부터 약 3300년 전, 스무 살쯤 되어 보이는 한 청년이 그리스 북부의 아나우로스강 변에 서 있었다. 아나우로스강은 넓지도 깊지도 않다. 그래서 그는 그 강을 걸어서 건너려고 한다.

청년의 이름은 이아손. '고치는 자'라는 뜻이다. 그는 펠리온산에서 약 15년 동안 무술과 의술을 연마하고 막 하산한 참이다. 펠리온산에서 약 15년 동안 이아손을 가르친 스승 케이론은 켄타우로스다. 켄타우로스는 '마인馬人'이다. 허리 위로는 사람 모습이지만 허리 아래는 말의 모습을 하고 있다. '케이론' 역시 '고치는 자'라는 뜻이다.

15년이라는 긴 세월을 펠리온산에서 무술과 의술을 연마하다가 내려왔으니 그 모습이 어떠했을까? 묶어서 등 뒤로 늘어뜨린 까만 머리카락은 거의 엉덩이를 스칠 정도로 길었다. 겨우 스무 살 안팎인데도 수염이 텁수룩했다. 그럴 수밖에. 그리스인들은 수염과 털이 많기로 유명하다. 남성은 50~60세가 되면 귓속에서도 털이 비죽이 자라 나온다. 여성도 나이를 먹으면 수염이 난다. 그리스에서는 수염이 까맣게 자란 중늙은이 여성을 자주 볼 수 있다. 이아손의 등에는 물푸레나무로 자루를 박은 두 자루의 창이 'X' 자 모양으로 매달려 있고, 허리에는 두 자루의 칼이 칼집도 없이 대롱거리고 있다.

입고 있는 '키톤'은 군데군데 해져 있다. 그럴 수밖에. 켄타우로스들은 옷을 입지 않으니 펠리온산에서 옷을 입는 사람은 이아손뿐이었을 터이다. 키톤은 직사각형 천을 어깨에 걸치고 핀으로 앞뒤를 여민 다음 허리띠를 매게 되어 있는 그리스의 전통 의상이다.

이아손은 대체 어디로, 무엇을 하러 가기 위해 아나우로스강을 건너자는 것일까? 그는 바로 이 강가에서 평생 자신을 보호해줄 수호 여신을 만나게 된다. 바로 헤라 여신, 그리스 신화의 으뜸 신 제우스의 아내 되는 여신이다.

그리스는 유럽 대륙의 맨 밑에 매달려 있는, 우리에게는 생판 외국인 나라다. 외국은 당연히 우리나라와 다르다. 하지만 그리스는 참 다르기도 하고 이상하기도 한 나라다. 앞에서 짤막하게 썼지만, 그리스의 여름은 엄청나게 덥다. 그래서 남부의 식물들은 그 어마어마한 열기를 견디지 못하고 누렇게 말라버린다. 여름에는 비가 거의 오지 않는다. 가을이 되고 우기가 와야 풀이 다시 살아난다.

그리스 남부의 산에는 나무가 거의 없다. 메마른 땅과 높은 기온에 강한 감람(올리브)나무, 편도(아몬드)나무가 군데군데 자랄 뿐이다.

그러나 남쪽에서 북쪽으로 올라가면 사정은 전혀 달라진다. 그리스의 수도 아테네에서 버스를 타고 네 시간쯤 북쪽으로 올라가면 풍경이 남쪽과는 두드러지게 달라진다. 울창한 숲으로 뒤덮인 산은 높고 아름답다. 들판도 푸르러진다. 메마른 남부와는 달리 벼가 잘 자라 있는 논도 흔히 볼 수 있어서 흡사 우리나라 농촌 길을 달리고 있는 것으로 헷갈릴 때도 있다. 아테네에서 네 시간 정도 북쪽으로 달리면 테쌀리아 지방에 이른다. 여기에서 두어 시간 더 올라가면 그리스의 신들이 살았다는 올륌포스산이 그 웅장한 모습을 드러내고 또 두어 시간 더 올라가면 알렉산드로스(영어식 이름은 '알렉산더') 대왕의 고향 마케도니아 지방이 시작된다. 하지만 우리는 남쪽으로 다시 내려가야겠다. 그래야 이아손이 무술과 의술을 공부하던 펠리온산과 그가 지금 건너려는 아나우로스강을 만날 수 있다.

테쌀리아 지방은 아름답기로 유명하다. 메마른 남부 지방과는 달리 강과 계곡도 자주 볼 수 있다. 음유시인이자 그리스 최고의 가수였던 오르페우스 이야기가 발생한 곳도 바로 이 테쌀리아 지방이다. 오르페우스의 아내 에우뤼디케가 꽃 꺾으러 갔다가 독사에 물려 죽

템페 계곡
오르페우스와 결혼한 에우뤼디케가 독사에 물려 죽은 곳이다.

은 곳은 템페 계곡이다. 지금은 '템비 계곡'이라고 불린다. 템비 계곡이 바로 이 테쌀리아 지방에 있다.

　테쌀리아 지방으로 들어가 한 시간 정도 북상하면 오른쪽으로 파가사이만의 코발트색 바다가 있고, 고속도로에서 벗어나 오른쪽으로 조금 더 가면 작은 도시가 나온다. 볼로스다. 볼로스는 파가사이만이 내려다보이는 인구 7만 명 정도의 조그만 도시다. 우리가 왜 이름조차 생소한 이 도시에 온 것일까? 볼로스의 옛 이름은 '이올코스', 바로 이아손의 조국이기 때문이다. 이올코스는 항구

도시였다. 지금의 볼로스도 항구도시다. 항구 또는 포구를 고대 그리스 말로는 '이알카'라고 했는데, 이 이름은 이올코스가 항구도시라는 것을 암시해준다. 현대의 항구도시 볼로스에는 신화시대의 도시 이올코스의 잔영이 아직도 어른거린다. 1997년에는 이 볼로스 근방에서 '메가론', 즉 '왕궁의 손님 접견실'이 발굴되었다고 한다. 지금까지 그리스 전역에서 발굴된 메가론 중에서 가장 온전한 모습을 간직하고 있더라고 한다.

볼로스에서 기차를 타고 파가사이만을 내려다보면서 한참 동남쪽으로 내려가다 보면 빽빽한 숲으로 뒤덮인 꽤 높은 산을 올려다보게 된다. 높이가 1600미터 정도로 만만치 않은 펠리온산이다. 숲속의 작은 시골 역 밀리에스에서 내리면 펠리온산을 오를 수 있다. 펠리온산 정상에는 '제우스 아크라이오스', 즉 '높은 곳의 제우스 신'을 모시던 사당이 있다. 산 중턱에는 군데군데 동굴이 있는데, 그리스인들은 신화시대의 켄타우로스 케이론이 이아손과 함께 살던 동굴이 그중의 하나라고 믿는다.

우리의 주인공 이아손과, 그의 스승 케이론의 이름이 고대 그리스어로 '고치는 자'라는 뜻으로 풀이되는 것은 우연이 아니다. 신화시대부터 이 펠리온산의 별명은 '병 고치는 산 healing mountain'이었다. 이 산은 약초가 많이 자라기로 유명하다. 지금도 이 산의 비탈에서는 독이 되기도 하고 약이 되기도 하는 싸리풀, 염료로도 쓰이고 약초로도 쓰이는 사프란, 강력한 진정 효과를 보이는 독당근을 흔히 볼 수 있다.

펠리온산 기슭의 작은 도시 볼로스에는 '아르고 원정대'에 대한 아득한 옛날의 기억과, 그 기억의 흔적이 곳곳에 남아 있다. 펠리온산과 아나우로스강은 약 3300년이 지난 지금도 신화시대의 이름으로 불리고 있다. 작은 도시 볼로스의 남쪽 항구는 지금도 '아르고나프톤'이라는 이름을 간직하고 있다. '아르고나우타이(아르고 원정대)'가 타고 항해한 '아르고호'는 여기에서 지어졌던 것일까.

펠리온산의 동굴에 숨어 살던 켄타우로스 케이론으로부터 무술과 의술을 배운 영웅은 이아손뿐만이 아니다. 아폴론은 의술과 예언

건강의 신들
의술의 신 아스클레피오스와 그의 딸이면서 위생의 여신인 휘게이아, 그리고 중앙에는 케이론이 서 있다. 영생불사의 몸을 지녔던 케이론은 헤라클레스가 쏜 독화살에 맞아 숨을 거두었다.

과 궁술의 신이다. 이 아폴론의 아들이자 뒷날 역시 의술의 신이 되는 아스클레피오스도 케이론의 제자다. 그 역시 펠리온산에서 케이론으로부터 의술을 배웠다. 이 의술의 신이 싸움질을 좋아하지 않았던 것을 보면 무술 연마보다는 의술 공부를 더 좋아했던 것 같다. 트로이아 전쟁의 영웅 아킬레우스도 케이론의 제자다. 이 전쟁 영웅이 트로이아 전쟁에서 그렇게 치열하게 싸우다 장렬하게 전사한 것을 보면 아무래도 의술 공부보다는 무술 연마에 더 많은 힘을 기울였던 것 같다. 케이론, 이 위대한 켄타우로스가 헤라클레스의 화살에 맞아 이 세상을 떠난 이야기는 제4권 '헤라클레스의 12가지 과업'

의술의 신 아스클레피오스
아스클레피오스와 아킬레우스, 이아손은 모두 케이론의 제자다. 그리스 델포이 박물관.

에 자세하게 쓰여 있다.

자, 이 '병 고치는 산' 펠리온에서 발원한 물은 아나우로스강을 따라 파가사이만으로 흘러들어 간다. 이아손은 바로 이 아나우로스강을 걸어서 건너기로 결심하고 지금 강가에 서 있다. 깊고도 넓은 한강이나 낙동강을 상상하는 데 버릇 든 우리로서는 얼른 이해하기 어렵다.

아니, 걸어서 강을 건너다니!

하지만 그다지 이상할 것 없다. 그리스의 강은 우리나라 강처럼 그렇게 깊지도 넓지도 않다. 대부분의 그리스 강은 걸어서 건널 수 있

아킬레우스의 현명한 스승, 케이론
아킬레우스에게 활쏘기(왼쪽)와 수금(오른쪽)을 가르치는 케이론. 케이론은 아킬레우스에게 그랬듯, 이아손에게도 활쏘기와 수금은 물론이고 배 짓는 법, 뱃길 짐작하는 법, 쟁기질하는 법까지 두루 가르쳤다. 왜 그랬는지는 두고 보면 알 것이다.

을 만큼 좁고 얕다. 물도 별로 맑지 않다. 그리스 산들은 대부분 대리석 산이나 석회석 산인데, 그중 석회석 산의 석회 성분이 좁고 얕은 강으로 녹아들기 때문이다.

무협 영화를 즐겨 보는 사람들은 알 것이다. 산에서 오랜 세월 무술을 연마하고 스승의 하산 명령을 받고 산을 내려와 강을 건너려는, 튼튼하고 잘생긴 주인공 청년…… 아무래도 심상치 않다. 이런 청년이 예사 청년이 아니라는 것이 무협 영화나 무협 소설의 기본 문법이다. 황제의 아들일까? 억울하게 죽은, 그러나 충신이 몰래 빼돌린 후궁의 아들일까? 그것도 아니면 간신의 모함에 걸려들어 목숨을 잃은 충신의 아들일까?

이아손도 예사 청년이 아니다. 그러면 그는 누구인가? 어떤 신분으로 이 세상에 태어났기에 그 오랜 세월을 산중에서 만고 고생하면서 살아야 했던가? 이아손의 어린 시절로 거슬러 올라가보자.

옛날 한 옛날, 그러니까 힘센 사람은 '미안하다'는 말을 할 일이 별로 없던 시절, 이올코스라고 하는 조그만 도시국가에 펠리아스라는 찬탈자가 있었다. '찬탈자'라면 '왕위를 가로챈 자', 말하자면 왕의 대를 잇기는 잇되 악랄한 수법을 써서 이은 자를 말한다.

예나 오늘이나 찬탈자가 있으면 폐주, 즉 '자리를 빼앗긴 왕'이 있게 마련이고, 일국의 왕이 '찬탈자'라고 불리면 폐주는 곧 '선군', 즉 '어진 왕'이라는 이름을 얻는 경우가 대부분이다. '구관이 명관'이라는 말은 이렇게 해서 생겨났을 것이다.

 펠리아스가 '찬탈자'라고 불리기 전까지 이올코스를 다스리던 사람은 '아이손'이라고 하는, 나이가 많은 임금이었다. '아이손'이다. 이 이야기의 주인공 이름 '이아손'과 혼동하지 말기 바란다. 아이손은 나라가 평화로울 때였다면 능히 '선군'으로 불릴 수 있었던 사람이었다. 뒤집어 말하자면, 성질도 모질지 못하고, 칼을 휘두를 만한 힘도 팔뚝에 남아 있지 않아서 '어진 왕' 노릇 말고는 달리 할 것이 별로 없던 임금이었다.

 그 시절, 왕이 왕 노릇을 제대로 하려면 힘이 있어야 했다. 그러니까 왕 자신이 일당백의 범 같은 장수거나, 아내가 여우 같은 모사, 즉 꾀쟁이거나, 왕자가 영웅의 재목을 넉넉하게 보이는 청년이어야 했다. 하지만 왕자는 겨우 다섯 살이었다. 이 다섯 살배기 왕자, 바로 이 이야기의 주인공 이아손이다. 왕자마저 이 모양인 데다 딸도 없었다. 이 모든 것이 하나도 없고 딸만 하나 달랑 있다면 딸이라도 절세의 미인이어야 했다. 그래야 그 딸이라도 앞세워 영웅 재목을 보이는 사위를 '꼬여서' 나라를 맡길 수 있을 터였다.

 그러나 아이손왕에게는 볼 만한 것이 하나도 없었다. 왕 자신은 나이를 먹어 졸다가 나귀 잔등에서도 더러 떨어졌으니 범 같은 장수일 리 없었고, 그 아내는 지체 높은 신하들 이름도 다 외우지 못했으니 '꾀쟁이'는커녕 왕비 노릇을 하기에도 숨이 찼고, 늦둥이 외아들은 나이가 겨우 다섯 살이었으니 영웅 재목은커녕 싹도 떡잎도 분간하기 어려울 지경이었다. 딸은 아예 있지도 않았으니 이웃 나라의 영웅을 넘볼 처지도 처음부터 아니었다.

 그런데 있어야 할 것이 하나도 없는 이 아이손왕에게는 불행히도 있어서는 안 될 것이 하나 있었다. 이것이 바로 젊은 이복 아우 펠리아스였다.

 신화나 옛이야기를 좀 읽어본 독자라면 이 대목에서 불길한 예감에 사로잡힐 것이다.

 '이거 이야기가 심상치 않게 돌아가는구나.'

 신화나 옛이야기를 읽다 보면 이 경우 왕의 아우가 꼭 말썽을 일으킨다. 늙은 왕은 힘이 없다. 왕자는 너무 어리다. 그런데 왕의 아우는 힘이 있고 야심이 있다. 이럴 경우 왕의 아우는 어떻게 나올 것인가?

 셰익스피어의 명작 비극 『햄릿』이 우리에게 벌써 암시하고 있다. 주인공 햄릿이 아버지가 세상을 떠났다는 소식을 들은 곳은 덴마크의 수도 엘시노어성이었다. 햄릿은 숙부 클로디어스를 의심했다. 숙부 클로디어스가 아버지를 독살한 것은 아닐까, 하고 의심한 것이다. 햄릿이 서둘러 영국으로 돌아와보니 숙부는 이미 왕좌에 앉아 있다. 뿐만 아니라 어머니 거트루드는 숙부의 아내가 되어 있다. 숙부가 아버지를 독살하고 왕좌와 어머니를 가로챈 것이다. 젊고 힘센 숙부는 이토록 위험하다.

 멀리 갈 것도 없다.

조선의 슬프디 슬픈 여섯 번째 임금 단종이 왕좌에 앉아 있었던 기간은 겨우 3년이었다. 이 나이 어린 임금에게는 힘이 센 숙부가 있었다. 바로 수양대군이다. 수양대군은 기회를 노렸다가 왕좌를 빼앗고 조카 단종을 강원도 영월로 보내버리지 않았던가. 단종은 여기에서 비극적인 최후를 맞이한다. 이 수양대군이 바로 조선 왕조의 일곱 번째 임금인 세조다. 왕위에 오르기 전의 수양은 정말 질이 형편없는 대군이었다. 젊고 힘센 숙부는 이토록 위험한 법이다.

펠리아스는 이복형 아이손에게 기댈 언덕이 없는 것을 알고는 재산을 풀어 중신들의 환심을 얻으니, 중신들은 펠리아스가 재산 푸는 까닭을 알고 공공연히 이렇게 떠들고 다녔다.

"아이손왕은 저렇듯 연로하시고 왕자가 저렇듯 연치 어리시다. 왕자가 장성하기까지 숙부 펠리아스를 왕위에 오르시게 하여 밖으로는 외적 방비할 태세를 도모하고 안으로는 왕좌 넘보는 자들의 딴마음을 경계하는 것만 못하다."

펠리아스는 이러한 명분을 업고 이복형 아이손을 밀어내고 왕위에 올랐다. 그가, 조카 이아손이 나라를 다스릴 수 있을 정도로 장성하면 반드시 왕위를 물려주겠노라고 약속을 하기는 했다. 그러나 왕위를 찬탈한 자가 찬탈당한 자를 섭섭지 않게 대접한 전례에 관한 역사는 매우 인색하다. 이런 인색한 역사가, 찬탈자의 약속이 이루어지는 전례를 기록하는 데라고 인색하지 않을까?

배다른 아우에게 왕위를 물려주고 한적한 마을로 쫓겨나기 직전에 아이손은 어린 아들 이아손을 빼돌렸다. 이올코스에다 두면 아무래도 아우 펠리아스가 해코지할까 봐 두려웠던 것이다. 아이손은 펠리아스왕 몰래 늙은 부하의 손에 어린 이아손을 맡겨 펠리온산으로 올려 보냈다. 현명하기로 유명한 펠리온산의 켄타우로스 케이론에게 맡기게 한 것이다.

  이아손은 이 산에 숨어 살면서 케이론으로부터 살아가는 데 필요한 여러 가지 기술을 배웠다. 케이론은 허리 위로는 사람이나 허리 아래로는 말인 켄타우로스인데도 불구하고 이아손에게 말 타는 것을 가르치지 않고, 궁술, 검술, 의술을 비롯해서 수금 타는 법, 배 짓는 법, 뱃길 짐작하는 법, 쟁기질하는 법에다 웅변술까지 가르쳤다.

  사람들이 궁술, 검술, 의술 가르치는 까닭은 알아도, 가르쳐야 할 승마술은 빼고 항해, 조선, 수금, 쟁기질, 웅변 같은 걸 가르치는 까닭을 궁금하게 여기자 케이론은,

"말 탈 팔자가 아니야"

할 뿐 더 말을 하지 않았다.

외짝 신 사나이가 왕이 된다!

 그로부터 15년의 세월이 흘렀다. 이제 우리는 두 길이 넘는 펠리온산 자락의 갈대숲을 헤치고 나오는 한 청년을 만나게 된다. 바로 펠리온산에서 장성한 이아손이다. 이아손은 15년 공부를 마치고, 이제 하산하여 이올코스로 가서 왕권을 요구할 때가 되었다는 스승의 말에 따라 숙부 펠리아스왕을 찾아가는 길이다.
 펠리온산에서 내려와 이올코스로 들어가려면 아나우로스강을 건너야 한다. 아나우로스강은 여느 때는 물이 많지 않은 강이다. 하지만 이아손이 걸어서 건널 때는 물이 꽤 많았던 것을 보면 마침 우기였던 모양이다.
 이야기의 주인공이 강을 건넌다……. 주인공들이 강가에 서면 이야기는 갑자기 의미심장해진다. 많은 경우, 이 강은 돌이킬 수 없는 결심과 행동의 상징이 된다. 새로운 세상은 바로 이 돌이킬 수 없는 행동과 함께 열리는 일이 자주 있다.
 기원전 49년 위대한 정복자인 로마의 장군 율리우스 카이사르

(영어 이름은 '시저')는 이탈리아 반도 북부를 흐르는 루비콘강 가에 서 있었다. 로마의 원로원이 카이사르가 없는 사이에 폼페이우스를 우두머리로 추대했기 때문이다. 당시 갈리아 총독이었던 카이사르는 조국의 보수파 무리를 제거하기 위해 루비콘강을 건너 로마로 진군했다. 조국을 향해 칼끝을 들이댄 것이다. 이때 카이사르는 두 마디의 유명한 말을 남겼다.

"루비콘강을 건넜다!"

돌이킬 수 없는 결심을 행동으로 옮기겠다, 이런 뜻이다.

루비콘강을 건너는 카이사르
카이사르가 말에 탄 채 루비콘강을 건너고 있다. 1480년 제작된 루카누스의 『내전기』 사본에 실린 삽화.

"주사위는 던져졌다."

이미 엎질러진 물이다, 이제 결행하는 일만 남았다, 이런 뜻이다.

만화가 이희재 화백이 소설가 이문열 선생의 작품『삼국지』를 열 권의 만화로 그려낸 적이 있다.『삼국지』를 좋아하는 내가 그 만화책을 사서 제1권을 보다가 소스라치게 놀랐다. 다음과 같은 내용이다.

젊은 시절의 유비(유현덕)는 노식이라는 스승 밑에서 공부한다. 떠날 때가 되자 스승 노식은 유비를 불러, 정현 선생 밑에서 공부를 더 할 것을 권했다. 추천하는 글도 써주겠다고 했다. 정현 선생은 당시의 전설적인 학자로, 특히 유교 경전에 매우 밝았다고 한다.

유비가 그러기로 결심하고 스승을 떠나 고향의 어머니 곁으로 돌아가는 길이었다. 마침 장마 때라서 강물이 불어 다리가 휩쓸려 가고 없었다. 걸어서 강물을 건너려고 하는데 누군가가 뒤에서 유비를 불렀다. 뒤에 한 노인이 서 있었다.

귀가 크기로 유명한 유비와 노인 사이에 이런 말이 오갔다.

노인　거기 귀 큰 놈아!

유비　저를 부르셨습니까?

노인　여기 네놈 말고 또 누가 있느냐? 다리가 없어졌으니 네놈이 나를 업고 강을 건너야겠다.

유비　네, 그리합지요. 업히십시오.

노인　허허, 이놈 등짝 한번 널찍하구나. 네놈은 어디 사는 누구냐?

유비	탁현 누상촌에 사는 유비라고 합니다. (생각보다 무겁군.)
노인	이놈아, 내 신발 젖어.
유비	헥헥, 어르신 다 왔습니다요.
노인	어이쿠 내 정신 좀 봐. 다시 저쪽으로 건너가야겠다.
유비	예?
노인	네놈을 급히 부르느라 보퉁이 들고 오는 걸 깜빡했어.
유비	그럼 제가 얼른 가서 보퉁이를 가져오겠습니다.
노인	싫다! 잔말 말고 다시 건너. 보퉁이는 네놈이 찾을 수 없는 곳에 있다.
유비	(심술이 고약한 분이군.)
노인	바짝 올리지 못해? 그래, 보퉁이를 여기에 뒀구만. 가자. 네가 쓸 만한 심보를 가졌구나. 사람의 됨됨이 가운데 첫손에 꼽는 게 마음이니라.
유비	아이고, 목이야.
노인	내가 억지를 썼는데도 네가 나를 업고 강을 건넌 까닭이 있을 테지. 나를 도와주면 혹시나 일확천금을 얻을 속셈으로 인심을 쓴 것이렷다?
유비	설마 어르신이 400년 전에 장자방을 도와준 황석공일 리야 있겠습니까? 제가 두말 없이 따른 것은, 아주 잃어버리는 것과 두 배로 늘어나는 차이 때문이었습니다.
노인	그게 무슨 소리냐?
유비	만약 제가 두 번째에 강을 건너지 않았다면, 애초의 수고로

움마저 값을 잃게 됩니다. 그러나 한 번을 더 건넜기에 앞서의 수고로움도 두 배로 셈 쳐 받게 되지 않았습니까?

노인 호오. 어린놈이 그런 이치를 안다는 말이냐?

자, 유비가 말하는 장자방과 황석공은 과연 누구인가?

장자방은 떠돌이 유방을 도와 진시황의 진나라를 멸망시키고 한나라를 세운 사람이다. 그는 유비를 도와 촉나라를 세운 제갈공명만큼이나 지혜롭고 군사를 잘 부리는 사람이었다.

그가 진나라에 죄를 짓고 숨어 살던 시절의 일이다. 장자방이 하루는 다리 위를 걷고 있는데 한 노인이 기다리다가 다리 아래로 신발을 벗어 던졌다. 그러고는 장자방에게 신발을 주워 오라고 했다. 장자방은 싫은 내색하지 않고 신발을 주워 와 노인에게 신겨주었다. 그런데 노인이 또 다리 밑으로 신발을 벗어 던지고는 주워 오라고 했다. 장자방은 아무 말 없이 신발을 주워 와 이번엔 무릎을 꿇고 정성스럽게 노인에게 신겨주었다. 장자방의 정성에 감동한 노인이 책 한 권을 장자방에게 주었는데, 이것이 『손자병법』만큼이나 유명한 병법서였다. 장자방은 이 병법서를 공부하고 유방을 도와 한나라를 세울 수 있었다. 노인은 그 방면의 병법의 대가 황석공이었다. 황석공은 장자방이라는 청년의 그릇 크기를 알아보기 위해 그를 시험한 것이다.

그렇다면 유비에게 심술을 부리면서 두 번이나 강을 업어 건너게 한 노인은 누구일까? 바로 스승 노식의 추천서를 받아 유비가 찾아가려던 전설적인 학자 정현 선생이었다. 정현 선생은 청년 유비의 그릇 크기를 알아보기 위해 그를 시험한 것이다.

내가 이희재 선생의 만화 『삼국지』를 읽다가 놀란 것은 이 이야기에 강과 신발이 등장하기 때문이었다. 놀라운 일이 아닌가? 그 까닭은 다음과 같다.

1987년에 나는 출판사의 요청을 받고 그리스와 로마 신화 이야기를 읽기 쉽게 쓴 적이 있다. '아르고 원정대 이야기'도 그때 쓰고 출간한 신화 책에 실려 있다. 1998년에도 비슷한 책을 쓴 적이 있다. 만화가 이희재 화백의 만화를 보다가 소스라치게 놀란 것은 내가 쓴 이야기와 너무나 흡사했기 때문이다. 만화가 이희재 화백이 내 신화 책을 읽고 비슷한 상황을 만화로 그려내었을 수도 있다. 내 신화 책은 이희재 화백이 그린 『삼국지』보다 훨씬 전에 쓰였으니까 그럴 수도 있다. 만일 그분이 나의 신화 책을 읽고 이 만화를 그렸다면 나의 신화 책에 공감했다는 뜻이니 놀랍고도 고마운 일이다. 그러나 이희재 화백이 내 신화 책을 읽지 않고 그런 장면을 그려내었다면 이 또한 얼마나 놀라운 일인가? 강과 신발과 신화. 인간의 상상력은 어쩌면 이같이 비슷비슷한가.

유비와 정현 선생 사이에 있었던 일이 아나우로스강 가에서도 고스란히 그대로 일어난다.

이아손은 물살이 약하고 깊은 곳보다는 물살이 강하더라도 깊지 않은 여울목을 찾으려고 강 아래위를 둘러보았다. 이아손이 가까스로 찾아낸 여울목에는 먼저 온 듯한 할머니 한 분이 앉아 있었다. 할머니는 여울목을 찾고도 물살이 세어 건널 마음을 내지 못하고 사람을 기다리고 있는 것 같았다.

이아손이 다가가자 노파가 돌아보지도 않고 퉁명스럽게 물었다.

"나를 업어서 건네주겠느냐, 아니면 그 치렁치렁한 네놈 머리카락을 잡고 따라오라고 할 참이냐?"

이아손은 머리 깎은 지가 오래여서 아닌 게 아니라 머리카락이 엉덩이에 이르기까지 자라 있었다. 이아손은 언 코 쥐어박는 듯한 노파의 불손한 언사가 마음에 들지 않았으나 스승 케이론과 '불손한 언사를 불손한 언사로 받지 않겠다'고 약속한 바가 있어서 공손하게 대답했다.

"인색한 소가 강 건너는 사람에게 잔등 대신 꼬리를 빌려주었다는 이야기는 저도 들었습니다. 하지만 저는 사람인지라 꼬리가 없으니 등을 빌려드리겠습니다."

이아손은 등에 메고 있던 창 두 자루를 벗겨 한 손에 모아 쥐고 노파 앞으로 다가가 등을 돌려 대었다. 노파는 아무 말 없이 이아손의 잔등으로 올라왔다.

한 손으로는 두 자루의 창을 모아 쥐고 한 손으로는 노파의 엉덩이를 받치고 이아손이 여울목으로 들어서는데, 강은 여울목인데도 깊어서 한 발 들여놓자 무릎이 잠기고 두 발 들여놓자 엉덩이까지 찼다.

"아둔패기야, 내 옷이 젖지 않느냐?"

할머니가 소리를 지르며 엉덩이가 물에 닿지 않게 하려고 두 팔로 이아손의 목을 감고 위로 자꾸만 기어올랐다. 이아손은 숨을 쉬기 어려울 지경이었지만 꾹 참고 건너쪽 언덕을 향해 천천히, 조심스럽게 걸음을 내디뎠다. 자연 걸음이 느리고 발새가 어둔할 수밖에 없었다.

"어디로 가는 놈이냐, 누구를 찾아가는 놈이냐?"

할머니가 앙칼진 소리로 물었다.

"이 펠리온 반도에서 갈 데라고는 이올코스밖에 더 있습니까?"

이아손, 헤라를 만나다
이 노파가 후에 이아손과 아르고 원정대를 수호하는 헤라 여신이다. 1901년 출간된 19세기 영국 작가 찰스 킹슬리의 『영웅 이야기』에 실린 삽화.

"이놈이 묻는 말에 대답이나 하지 않고."

"저도 감정이 있는 인간입니다. 시키는 대로 하고 있는데 자꾸 욕을 하시니…… 아니, 그런데 이 좁은 여울목이 어째 이리 넓어 보일까?"

이아손이 중얼거리기가 무섭게 노파가 퉁명스럽게 응수했다.

"내가 무거운 게지."

"실은 자꾸 무거워지고 있는 것 같습니다."

"그건 여울목이 넓어 보여서 그런 것이야."

"어찌 된 셈인지 여울목도 처음보다 넓어 보이고, 할머니도 점점 무거워지고 있는 것 같습니다."

"이놈이 꾀를 부리지 않나!"

노파가 두 팔로 이아손의 목을 감으며 호통을 쳤다. 그 순간 이아손은 바위를 짊어지고 있는 것 같아서 비틀거리다가 미끄러운 돌을 밟았고, 미끄러운 돌을 밟고 있으면서도 넘어지지 않으려고 몸을 가누다 가죽신 한 짝을 물살에 떠내려 보내고 말았다. 가죽신은 곧 물에서 떠올라 물살을 타고 내려가다가 물 위로 비죽이 솟은 버드나무 가지에 걸렸다. 이아손은 한 손으로는 창을 모아 쥐고 한 손으로는 할머니의 엉덩이를 받치고 있는 참이라 손으로는 그 가죽신을 집을 수가 없어서 한쪽 발을 그쪽으로 뻗쳐보려 했다. 발가락으로 가죽신을 꿰어 올리기 위해서였다.

"이놈, 강을 건네주겠다고 한 놈이 가죽신 한 짝이 아까워서 꾀를 부리느냐?"

할머니가 또 호령을 내어놓았다.

 할머니의 호령이 아니었어도 이아손은 한 발을 그쪽으로 내밀 수 없었으리라. 할머니의 몸은 이미 바윗덩어리가 아니라 산이라도 짊어진 것같이 무거워져 있어서 한눈팔 겨를이 없는 데다 가죽신은 이미 강 하류 쪽으로 떠내려가 버린 뒤였기 때문이다.

 이아손은 펠리온산에서 스승 케이론에게 '한번 한 약속은 반드시 지키겠다'고 한 다짐을 생각하고는 가죽신 잃어버린 것은 잊어버리고 강 건너편을 향해 걸음을 옮겨놓았다. 여전히 건너편까지의 거리는 조금도 좁혀진 것 같지 않았고 할머니의 엄청난 몸무게 때문에 이아손의 발은 강바닥 속으로 한 자씩이나 빠져 들어가고 있었다.

 "반드시 건네드릴 터이니 할머니께서는 염려 마십시오."

 이아손이 비틀거리면서도 스승과 했던 약속을 되뇌며 이렇게 말하자 할머니가 잡아먹을 듯이 꾸짖었다.

 "염려 말라고? 내가 염려하는 것은 강물이 아니고 네놈의 장래다. 이놈아, 이 좁은 여울목에서 이렇듯이 비실거리는 놈이 무슨 수로 수만 리 뱃길을 견디겠느냐? 펠리아스가 자다가도 웃겠다."

 "펠리아스왕을 아시는지요?"

 "내 사당을 더럽힌 망나니를 내가 몰라?"

 "내 사당?"

 '사당이라면 신전이고, 신전의 소유자라면 '여신'이 아닌가. 신이 아니고서야 어떻게 '내 신전'이라는 말을 쓸 수 있는가? 수만 리 뱃길을 견딘다는 것은 또 무슨 뜻인가? 배라고는 한 번도 타본 적이 없

는 나에게 수만 리 뱃길이라니.'

이아손이 이런 생각을 하다가 정신을 퍼뜩 차리고 보니 어느새 발은 강 건너편 언덕에 닿아 있었고, 등에 업혀 있던 할머니는 온데간데없었다.

'세상에 별 희한한 일도 다 있구나.'

이아손은 할머니의 말을 곱씹어보았으나 그 뜻을 짐작하기가 어려웠다.

'내가 이 시뻘건 대낮에 꿈을 꾼 것인가.'

그러나 꿈이 아니었다. 오른발에 신고 있던 가죽신은 그대로 있는데 왼발에 신었던 가죽신은 사라지고 끈 매었던 자리만 남아 있었다. 따라서 그것은 꿈이 아니라 벌건 대낮에 일어난 엄연한 사건이었다.

이아손이 이올코스로 들어가자 사람들이 우르르 몰려와 이 모습이 기이한 청년을 둘러싸고 수군거렸다.

머리카락을 말꼬리보다 더 길게 기른 이 청년의 모습이 이올코스 사람들에게는 구경거리가 되기에 모자람이 없기는 했다. 게다가 이아손은 가죽신 한 짝을 아나우로스강 물에 떠내려 보내고 온 바람에 그나마 외짝 가죽신만 신고 있었다. 가죽신을 한 짝만 신은, 머리카락이 말 꼬랑지보다 더 긴 청년, 얼굴이 앳되어 겨우 스무 살 안팎일 것 같은데도 불구하고 검은 수염을 목울대를 가릴 만큼 기른 청년. 머리카락과 수염만 해도 구경거리인데 이올코스 사람들은 유독 가죽신을 신지 않은 이아손의 한쪽 맨발에만 눈길을 던졌다. 이아손의 맨발에 눈길을 던지지 않는 이올코스 사람은 거의 없었다.

'거참 이상하다. 하기야 한쪽은 신고 한쪽은 벗었으니…….'

이아손은 우선 머리카락이나 좀 자르기로 작정하고 저잣거리의 이발사를 찾아갔다. 이발사가, 이아손이 한쪽 발에만 신고 있는 가죽신을 물끄러미 내려다보다가 물었다.

"한번 묻겠소. 가죽신 한 짝을 어찌 하셨소?"

그제야 아나우로스강에서 신발 한 짝 떠내려 보내고 난 뒤 노파가 했던 말을 떠올리고 이아손이 되물었다.

"내가 먼저 여쭐 것이 있소. 혹 이 나라 왕이 어느 여신의 사당을 욕보인 적이 있소?"

"있지요. 펠리아스왕이 바다의 신 포세이돈에게 제사를 드리면서 다른 여러 신에게 경의를 표하면서도 유독 헤라 여신만은 쏙 빼놓았답니다. 헤라 여신의 사당이 바로 이 이올코스에 있는데도 말이지요. 헤라 여신이 가만히 있을 까닭이 없지요."

"그렇지요. 제 스승께서도 헤라 여신은 자존심 강하기로 유명하니까 늘 조심하라고 하셨지요. 헤라 여신만 쏙 빼놓았으니 자존심 많이 상하셨겠네요. 헤라 여신께 밉보이면 건더기는커녕 국물도 못 얻어먹는다는데……."

"그뿐만이 아니오. 펠리아스왕이 이 여자 저 여자를 건드려 배다른 자식을 줄줄 낳게 하는데 헤라 여신이 가만두겠소?"

헤라 여신은 그리스 신화의 으뜸 신 제우스의 아내다. 헤라 여신은 거룩한 결혼의 수호 여신, 가정의 수호 여신이다. 남의 여자를 핼

헤라 여신의 신전
사진의 헤라 신전은 올림피아에 있는, 올림픽 성화를 채화하는 그 신전이다. 과거에는 이올코스에도 헤라 신전이 있었나 보다.

금거려 가정을 파괴하는 남성이 있으면 이 여신은 절대로 용서하지 않는다. 제우스는 바람둥이 신이다. 제우스는 아름다운 여성을 보면 그냥 두지 않는다. 기어코 그 여성과 바람을 피우고 마는 것이다. 헤라 여신은 제우스에게 대드는 대신 제우스의 사랑을 받은 여성을 반드시 해코지한다. 헤라 여신에 의해 흉측한 동물로 변신했거나 목숨을 잃은 여성은 한둘이 아니다. 다른 신들에게 경의를 표하면서 자기 신전은 본체만체하는 자, 이 여자 저 여자를 건드려 배다른 자식을 줄줄이 낳게 하는 자, 헤라 여신이 가장 싫어할 만한 자다.

이아손이 걸상 등받이에 기댄 채 몸을 맡기고 이런저런 생각에 잠겨 있는데 머리 손질하던 이발사가 또 물었다.

"두 번째로 묻겠소. 가죽신 한 짝은 잃어버린 것이오? 잃어버렸다면, 장딴지에 가죽신 끈 맨 자국이 하얗게 남아 있는 것으로 보아 잃은 지 얼마 되지 않은 것 같은데?"

"아니, 내 가죽신에 왜 그렇게 관심이 많은 거지요? 강 건너다가 물살이 어찌나 센지 비틀거리다 가죽신 한 짝을 떠내려 보내고 말았지요. 거참 이상하네. 산에서 오래 살다 내려와서 내 몰골이 구경거리가 될 만하다는 것은 인정합니다. 그런데 이올코스 사람들은 왜 내 발만 바라보지요?"

"까닭이 있지요."

"무슨 까닭이지요?"

"펠리아스왕이 얼마 전에 델포이로 내려가 아폴론 신전에서 신탁을 받아보았답니다. 그런데 왕이 받은 신탁이 요상해요. 신탁의 내용이라는 게 원래 요상하고 수수께끼 같은 것이기는 하지만."

예언의 신 아폴론이 델포이에 있는 아폴론 신전 여사제에게 맡기는 신의 뜻, 즉 신탁은 그 뜻하는 바가 애매모호하기로 유명하다. 하지만 신전에 들어간 사람은 그 참뜻이 무엇인지 여사제에게 물을 수 없다. 그래서 옛날 델포이에는 신탁을 해석해주는 전문가가 무수히 모여 살고 있었다고 한다.

"어떤 신탁을 받았답니까."

"'모노산달로스'가 내려와 이올코스의 왕이 된다……. '모노산달로스'가 펠리아스왕을 응징한다는 뜻입니다. 이 신탁의 내용이 궁전

신탁을 받는 여사제

예언의 신 아폴론은 여사제에게 '모노산달로스가 내려와 이올코스의 왕이 된다'는 신탁을 내린다. 이아손은 노파로 변한 헤라 여신을 업고 강을 건너다 외짝 신 사나이가 된다.

에서 은밀하게 흘러나와 입소문을 타고 소리 소문 없이 이올코스에 퍼져 있답니다. 모르는 사람이 거의 없지요. 사정이 이러니 이올코스 사람들이 모두 그대의 발에 관심을 가질 수밖에요. 지금의 그대가 바로 '모노산달로스' 아닌가요?"

모노산달로스Monosandalos……. '모노mono'가 무엇인가? '하나'라는 뜻이다. 그렇다면 '산달로스sandalos'는? 가죽신이다. 가죽끈으로 장딴지에 다 얼기설기 엮어 묶는 가죽신이다. 오늘날 우리가 '샌들sandal'이라고 부르는 슬리퍼 비슷한 신발 이름은 여기에서 유래한다. 그렇다면 '모노산달로스'는 무엇인가? '신발을 한 짝만 신은 사나이'라는 뜻이다. '외짝 신발을 신은 사나이', '외짝 신 사나이'라는 뜻이다.

"그러면 '모노산달로스'가 펠리아스왕을 응징했나요? '모노산달로스'가 왕이 되었나요?"

"천만에요. 그래서 내가 그대에게 가죽신 한 짝을 어쨌느냐고 자꾸 물었던 것이오. 펠리아스왕은 오늘도 이 저잣거리를 다녀갔답니다. 외짝 가죽신 신은 자를 찾아 나왔던 게지요."

"그렇다면 내가 그 '모노산달로스'라는 말씀이신가요?"

"그거야 두고 보아야겠소만, 아무튼 이런 사연이 있어서 내가 가죽신 한 짝은 어떻게 되었느냐고 두 번이나 물어보았던 겁니다. 아나우로스강에서 떠내려 보냈다는 그 가죽신 한 짝, 지금쯤 저승으로 떠내려가고 있을 것입니다. 어쩌면 그대가 건너편 언덕으로 오르실 때 이미 저승에 닿았을지도 모르지요. 조심하셔야 합니다. 그대는 이미 한 발을 저승에다 대고 있는지도 모른다는 뜻입니다. 어서 신발부터 구해 신으세요. 펠리아스왕이 그대를 '모노산달로스'라고 여긴다면 그대는 이올코스에서 살아 나가지 못해요."

'아, 산 같은 무게로 내 등을 누르시던 분, 지척에 있는 강 건너편을 아득히 멀어 보이게 하시던 분, 그분이 헤라 여신이었구나. 여신께서, 자신을 대신해서 펠리아스왕을 응징하라고 내 가죽신 한 짝을 벗기신 것이구나.'

이발소를 나온 이아손은 이런 생각을 하면서 가슴에 손을 얹고 고개를 숙였다.

신발에 얽힌 사연

 신발. 세계 여러 나라의 신화나 전설에는 신발 이야기가 자주 등장한다. 그리스 신화도 예외는 아니다. 신발 잃어버린 사람 이야기, 잃어버린 신발 되찾는 사람 이야기, 강가에다 신발 벗어놓고 투신자살하는 사람 이야기, 신발을 단서로 잃어버린 사람을 찾아내는 사람 이야기…….
 그리스인들에게 신발은 무엇인가? 우리에게 신발은 무엇인가?
 이아손과 거의 같은 시대의 영웅 테세우스의 이야기도 신발에 얽힌 사연이 풀리면서 시작된다.
 이아손의 외짝 가죽신, 테세우스의 가죽신을 비롯한 신발 이야기는 1권에 이미 쓴 적이 있다. 그런데도 이 책에 신발 이야기를 고스란히 퍼다 옮겨서 독자들에게 퍽 미안하다. 그러나 신화는 문맥을 알아야 재미있다. 문맥을 모르면 재미가 적다. 이미 쓴 적이 있는 이야기를 다시 쓰는 것은 독자들로 하여금 이야기의 흐름을 쉽게 따라잡게 하기 위해서다. 양해를 구한다.

아테나이(오늘날의 아테네) 왕 아이게우스가 포도주에 취해 남의 나라 공주와 사랑을 나눈 적이 있다. 자기 나라인 도시국가 아테나이로 떠나기 직전, 아이게우스는 남의 나라 공주 방 앞의 섬돌을 번쩍 들어 옮기고는 섬돌 있던 자리에다 짧은 칼 한 자루와 가죽신(!) 한 켤레를 놓은 뒤 그 위에다 다시 섬돌을 놓았다. 섬돌이란, 방 앞에 놓인, 층계 노릇을 하는 긴 돌을 말한다. 힘센 장사가 아니고는 그런 섬돌을 들었다 놓았다 할 수 없다. 아이게우스는 섬돌을 제자리에 놓은 뒤 공주에게 이런 말을 했다.

"아이를 갖게 되고, 만일에 아들이 태어나거든, 그리고 그 아들이 제 아버지가 누군지 궁금해하거든 내게로 떠나보내세요. 내가 섬돌 밑에다 신표가 될 만한 것을 감추어두었으니, 제 힘으로 그 섬돌을 들어 올릴 수 있을 만큼 자라면 보내세요. 아무도 모르게, 은밀하게 보내세요."

신표가 무엇인가? 가지고 있는 이가 누구인가를 증명하는 신분증과 같은 것이다. 새로 태어날 아기의 신분증 노릇을 할 신표는 바로 짧은 칼과 가죽신이다. 놀랍지 않은가? 여기에서도 가죽신은 신분증 노릇을 할 모양이다.

공주의 몸에서 이윽고 아들이 태어났다. 공주는 아들의 이름을 '테세우스'라고 했다. 당시 그리스에는 사내아이가 자라 열여섯 살이 되면 앞 머리카락을 잘라 아폴론 신전에 바치는 풍습이 있었다. 테세우스는 열여섯 살이 되자 당시의 풍습대로 아폴론 신전이 있는 델포이로 올라갔다.

너 자신을 알라!
나는 누구인가? 나는 무엇인가? 소년 테세우스의 운명을 바꾸는 질문이 시작된다. 1세기의 모자이크화. 로마 국립 박물관.

신전 문 상인방에 다음과 같은 글귀가 새겨져 있었다.

"그노티 세아우톤 Gnothi Seauton!"

바로 '너 자신을 알라'는 뜻이다.

자신을 알자면 어떻게 해야 하는가? 자신을 향해 근본적인 의문을 제기하는 경험이 있어야 한다. 이런 의문은 누구나 제기할 수 있다. 그러나 의문을 제기한 다음에는 그 답을 모색하는 경험이 뒤따라야 한다. 의문을 제기하고 그 의문의 답을 모색하는 사람만이 신화의 주인공, 자기 삶의 주인공이 된다. 의문만 제기할 뿐 그 답을 모색하지 않는 사람은 신화의 조연, 자기가 사는 모둠살이의 조연에 머문다.

테세우스도 의문을 제기한다.

"나는 도대체 누구인가? 다른 아이들에게는 다 아버지가 있는데 나에게는 왜 아버지가 없는가? 나는 도대체 어디에서 왔는가?"

테세우스가 이런 의문을 제기한 것은 그의 나이 열여섯 살 때의 일이다. 테세우스는 혼자 고민고민하다 어머니에게 자기가 누구의 아들인지, 그 내력을 밝혀줄 것을 요구했다. 어머니는 아들을 섬돌 아래로 데리고 가서, 그 무거운 섬돌을 들어 올릴 수 있는지 시험해보았다. 테세우스는 열여섯 살 소년에 지나지 않았는데도 불구하고 그 섬돌을 어렵지 않게 들어 올렸다. 섬돌 밑에, 16년 전에 아버지 아이게우스가 감추어둔 칼과 가죽신이 있었음은 물론이다.

섬돌을 들어 올리는 테세우스
런던 대영박물관에 전시된 고대 그리스의 돋을새김.

테세우스는 자기의 신분을 증명해줄 이 칼과 가죽신을 간직하고 아버지를 찾으러 아테나이를 향하여 길을 떠났다.

테세우스는 아테나이로 가는 도중 해괴한 도둑과 괴물을 죽이지만 이 이야기는 길게 쓰지 않겠다. 하여튼 테세우스는 해괴한 도둑들을 죽이되, 도둑이 무수한 나그네를 죽인 것과 똑같은 방법으로 죽이고는 아테나이로 들어섰다.

소문은 원래 소문의 주인공 발걸음보다 빠른 법이다. 테세우스가 아테나이에 당도했을 때, 테세우스가 무수한 도둑을 죽이고 아테나이로 오고 있다는 소문이 좍 퍼져 있었다. 아테나이 왕궁에서 이 소문을 가장 먼저 들은 사람은 아이게우스왕의 아내 메데이아였다.

메데이아는 영웅 이아손으로 하여금 금양모피를 손에 넣게 한 바로 그 메데이아다. 메데이아는 이아손을 돕기 위해 조국을 배반하는 것은 물론, 제 동생까지 찢어 죽인 독부다. 당시 메데이아는 이아손에게 버림받고 아테나이 왕 아이게우스의 궁전에서 후처살이를 하고 있었다. 그런 메데이아가 자기가 낳지도 않은 아들 테세우스를 반길 까닭이 없었다. 테세우스가 출현하면 자기가 낳은 아들들의 위치가 매우 불안해질 것이기 때문이었다. 메데이아는 테세우스를 독살하기 위해 독약을 준비하고 기다리고 있었다.

테세우스가 왕궁으로 들어섰을 때, 아이게우스왕 내외와 신하들은 잔칫상을 마련하고 테세우스를 기다리고 있었다. 다 메데이아가 꾸민 일이었다. 테세우스가 왕궁으로 들어서자, 그 청년이 자기 아들임을 알 리 없는 아이게우스가 이런 말로 테세우스를 맞았다.

칼과 가죽신을 찾는 테세우스
테세우스는 바위 아래에서 아버지가 남겨둔 신표(칼과 가죽신)를 찾은 후 아버지를 찾아 길을 떠난다. 신발은 테세우스가 그 자신임을 보증하는 증표가 된다. 니콜라 푸생(위)과 조반니 그레벤브로흐(아래)의 그림.

"트로이젠에서 왔다고 들었는데, 피테우스왕께서는 잘 계시는가? 나도 오래전에 피테우스왕을 뵙고 나그네 대접하는 법을 좀 배운 사람이네. 그러니 내 나라 궁전에서 편히 쉬시게."

아이게우스왕은 이렇게 말하면서 테세우스에게 술잔을 권했다. 그 술잔은 메데이아가 이미 독약을 타놓은 독주 잔이었다.

술잔을 받아든 테세우스는 녹슨 칼집에서 칼을 뽑아 들고는 상에 차려진 양고기를 안주 할 만큼 잘랐다. 녹슨 칼집에서 테세우스가 뽑은 그 칼은 16년 전에 아이게우스가 섬돌 밑에다 두고 온 바로 그 칼이었다. 테세우스가 신고 있는 가죽신을 유심히 살펴본 아이게우스왕은 그 가죽신 또한 자기가 섬돌 밑에다 감추어두고 온 바로 그 가죽신이라는 것을 알아보았다.

미노타우로스를 죽이는 테세우스
아버지 아이게우스를 만나 아테나이의 왕자가 된 테세우스는 크레타의 미궁에서 괴물 미노타우로스를 죽이고 영웅이 된다.

아이게우스왕이 테세우스에게 소리쳤다.

"잠깐, 그 술잔의 술을 버려라!"

칼과 가죽신이 신분을 증명해준 덕분에 테세우스는 아버지 아이게우스를 만날 수 있었다. 가죽신은 그러면 이아손의 신화나 테세우스의 신화에만 등장하는 것일까? 다른 신화나 전설에 등장한다면 그것은 우연의 일치일까?

〈달마도〉라고 불리는 그림이 있다. 수염을 기른 험상궂은 스님을 그린 그림이다. 〈달마도〉에 그려진 스님이 바로 달마대사다.

그런데 〈달마도〉에는 달마대사의 얼굴만 그린 것도 있고 전신을 그린 것도 있다. 전신을 그린 〈달마도〉를 보면 대사의 지팡이에 신발 한 짝이 걸려 있는 것이 보통이다. 달마대사에게도 신발 전설이 따라다닌다.

달마대사의 신발은 무엇으로 만든 신발이었을까? 가죽신은 분명히 아니었을 것이다. 부처님을 믿는 사람들은 살아 있는 동물을 죽이지 않을뿐더러, 동물의 가죽으로 만든 물건은 몸에 지니지 않는다. 신발도, 가죽으로 만들어진 가죽신은 신지 않았을 것이다.

달마대사는 중국의 소림사에서 9년 동안 도를 닦고 큰 깨달음을 얻어 제자들을 가르치다가 528년 즈음에 세상을 떠난 것으로 전해진다. 대사를 시기하는 사람들에게 독살당했다는 전설도 있다. 당시 중국의 스님들에게는 화장하는 풍습이 없었던 것일까? 제자들은 달마대사의 시신을 양지 바른 곳에다 묻었다.

달마대사가 세상을 떠난 지 3년 뒤, 인도의 '월씨국'이라는 나라를 다녀온 사신이 달마대사를 보았노라고 주장했다. '송운'이라는 이 중국 사신은 구체적인 증거까지 대어가면서 분명히 자기 두 눈으로 달마대사를 보았노라며 이렇게 주장했다.

"월씨국 다녀오는 길에 분명히 달마대사를 뵈었습니다. 대사는 신발 한 짝만을 들고 조국인 향지국으로 가신다면서 저에게, 네 나라 임금님이 세상을 떠나셨으니 어서 돌아가거라, 이렇게 말씀하시더이다. 이 말씀 듣고 돌아와보았더니 과연 황제 폐하께서 돌아가신 뒤였습니다. 그러니까 저는 달마대사의 말씀을 듣고 황제 폐하께서 세상 떠나신 것을 미리 알고 있었던 것입니다."

당시의 황제가 송운의 말을 듣고는, 웅이산에 있던 달마대사의 무덤을 파보게 했다. 무덤 속에는 신발 한 짝이 남아 있을 뿐, 달마대사의 시신은 흔적도 없이 사라지고 없더라고 했다. 결국 달마대사도 외짝 신 사나이 '모노산달로스'가 되어 고국으로 돌아간 셈이다.

신발 이야기는 여기에서 끝나지 않는다.

유럽의 옛 동화 신데렐라를 떠올려보자. '신데렐라'라는 이름은 '얼굴에 재가 묻은 부엌데기'라는 뜻이다. 신데렐라는 계모의 박대를 받으면서 부엌데기 노릇을 하던 착한 처녀다. 그런데 이 신데렐라가 선녀의 도움으로 왕실의 무도회에 참석하게 된다. 왕자는 착하고 아름다운 신데렐라에게 첫눈에 반하고 만다. 하지만 신데렐라는 자정이 되기 전에 집으로 돌아가지 않으면 안 된다. 신데렐라는 황급히 무도회장을 빠져 나오느라 유리 구두 한 짝이 벗겨진 것도 모르는 채 허둥지둥 호박 마차에 올라 집으로 돌아간다.

신데렐라에게 반한 왕자는 어떻게 하든지 신데렐라를 찾고 싶어 한다. 왕자는 무엇을 단서로 신데렐라를 찾게 되었던가? 신데렐라가 잃어버린 한 짝의 유리 구두다.

보라, 신데렐라 역시 '모노산달로스'가 아닌가?

이 '모노산달로스' 이야기는 조선시대에 쓰인 우리나라의 고전 소설 『콩쥐팥쥐』에서도 똑같이 되풀이된다. 신데렐라 이야기에 나오는 왕자는 한 지방의 젊은 원님으로, 유리 구두는 꽃신으로 바뀌어 있을 뿐이다. 콩쥐에게 첫눈에 반해버린 원님은 무엇을 단서로 콩쥐를 찾아내던가? 황급히 잔치 자리를 떠나느라고 콩쥐가 잃어버리고 간 꽃신 한 짝이다.

보라, 콩쥐 역시 '모노산달로스'가 아닌가?

구약시대의 모세는 활활 타오르는 신성한 떨기나무 앞에서 신발을 벗어야 했다. 모세가 벗어야 했던 신발은 무엇인가? 혹시 인간 모세의 자아 아니었을까? 자아를 잊어야 신을 만날 수 있는 것이 아닌가?

바다나 강물에 뛰어들어 목숨을 끊는 사람들은 오늘날에도 바닷가나 강가에 신발을 벗어놓고는 물속으로 뛰어든다.

애인의 변심을 우리는 뭐라고 부르는가? '고무신 거꾸로 신기'라고 부르지 않는가? 그리던 임의 예리성, 즉 '애인의 신발 끄는 소리'가 들리면 어떻게 반기는가? 버선발로 뛰어나간다. 신발을 신을 틈이 없다. '자기'라는 자신의 전 존재, '자아'라는 자신의 모든 것을 벗어놓은 채 달려 나가야 온전하게 님의 품에 안길 수 있다.

우리는 우리가 지나온 역사를 한 장의 종이에다 기록하고 이것을

'이력서履歷書'라고 부른다. '신발履' 끌고 온 '역사歷'의 '기록書'이다. 제1권에서 나는 물었다.

우리의 신발은 온전한가? 우리는 혹시 신발 한 짝을 잃어버린 것은 아닌가? 잃어버리고도 잃은 줄을 모르고 있는 것은 아닌가? 잃어버린 신발을 찾아 길을 떠나야 하는 것은 아닌가? 대지와 우리 육신 사이에는 신발이 있다. 고무 밑창 하나가 우리와 대지 사이를 갈라놓고 있다. 대지는 무엇인가? 인간이 장차 돌아가야 할 곳이 아닌가?

3장
펠리아스의 계략

GREEK
AND
ROMAN
MYTHOLOGY

왕좌를 내놓으시지요

 이올코스에서 이아손은 아버지 아이손과 어머니 알키메데가 숨어 사는 곳부터 수소문했다. 다행히도 연세 많으신 아버지와 어머니는 살아 있었다. 아버지 어머니와 숙부 펠리아스왕은 서로 오고 감이 없이, 소식 주고받음이 없이 그 긴 세월을 보냈던 모양이었다. 아이손의 말에 따르면, 숙부 펠리아스왕은 조카 이아손이 어디에서 무엇을 하는지 전혀 알지 못할 것이라고 했다. 펠리아스에게 이아손의 집안은 안중에도 없었던 모양이었다.

 늙은 부모와 젊은 아들의 16년 만의 해후, 특히 어머니의 기쁨이 어디까지 이르렀는지는 상상에 맡기기로 한다. 하지만 아버지 아이손의 가슴에는 먹장구름 같은 불안이 자리하기 시작했다. 아들 이아손이 나라를 다스리기 충분할 만큼 자라면 왕좌를 돌려주고 돌려받기로 한, 배다른 형 아이손과 배다른 아우 펠리아스 사이의 약속 때문이었다. 펠리온산에서 내려온 이아손이 숙부 펠리아스왕에게 왕좌를 돌려달라고 요구할 경우, 그리고 펠리아스왕이 왕좌 돌려주기를 거절할 경우 이올코스는 피바다가 될 터였다.

이아손은 아버지 어머니가 별 탈 없이 살아 있다는 것을 확인하고는 숙부 펠리아스왕을 찾아갈 준비를 했다. 이아손이 가장 먼저 한 일은 가죽신을 새로 장만하는 일이었다. '모노산달로스', 즉 '외짝 신 사나이'로서 숙부 펠리아스를 만날 수는 없는 일이었다.

이아손은 이올코스 궁전으로 들어가 숙부 펠리아스왕의 알현을 청했다. 펠리아스왕은 '메가론', 즉 '왕궁의 손님 접견실'로 방문객을 안내하게 했다. 1997년 지금의 볼로스, 신화시대의 이올코스에서 거

이아손의 숙부 펠리아스
노인의 모습으로 묘사된 펠리아스가 왕을 상징하는 지팡이를 짚고 있다. 15년 만에 산에서 내려온 이아손은 숙부 펠리아스에게 빼앗긴 왕좌를 찾기 위해 이올코스 왕궁으로 들어선다.

의 완벽한 모습으로 발굴된 '메가론'이 혹 이 접견실이 아니었을까?

이아손을 만나는 순간, 펠리아스왕은 언제 어디에서 만나본 적이 있는 얼굴 같다고 생각했다. 무리도 아니다. 어릴 때 만나본 적이 있기는 했다. 하지만 그로부터 흐른 세월이 15년이었다. 이아손의 얼굴에는 아버지 아이손의 그림자가 어른거렸으리라. 펠리아스는 가볍게 놀란 표정을 염치로 가리고 태연하게 물었다.

"그대는 어디서 온 자이고, 나를 찾아온 까닭은 무엇이며, 고향은 어디며 양친은 누구신가?"

이아손은 대전 기둥을 팔꿈치로 비스듬하게 기댄 채로 대답했다. 그리스 사람들은 손님으로서 자기 자신을 소개할 때는 거의 반드시라고 해도 좋을 정도로 고향과 부모 이름을 밝힌다.

"물으시는 차례가 잘못되었습니다. 내가 어디서 온 자이며, 고향은 어디고 아버지가 누구라는 것만 밝히면 전하를 뵙고자 하는 까닭은 저절로 드러날 것입니다."

"차례는 그대 좋을 대로 정하여 대답하라."

"저는 펠리온산에서 오는 길입니다. 펠리온산의 현자 켄타우로스 케이론은 다섯 살 난 저를 거두시어 15년 동안을 가르친 스승이시고 역시 켄타우로스인 그분의 배우자 칼리크로는 15년 동안이나 저를 보살펴 길러주신 양어머니십니다. 저는 펠리온산의 현자 케이론의 동굴에서 왔습니다."

"케이론의 문하라면 문무文武가 기특하겠구나. 하면, 고향은 어디고 양친은 누구신가?"

"제 고향은 이올코스, 바로 이곳 이올코스이고 제가 태어난 곳은 이 메가론 뒤쪽에 있는 내전 안방입니다. 제 아버지는 이올코스 왕을 지내신 아이손이시고 제 어머니는 왕비를 지내신 알키메데올습니다. 펠리아스 숙부님, 이로써 제가 이 궁전에 들어온 까닭은 스스로 드러난 것이겠지요."

"네가 무엇으로 내 조카라는 것을 보증하는 증표로 삼겠느냐?"

"펠리아스 숙부님, 현명한 자는 표적을 구하지 않는다고 하나 굳이 구하신다면 말씀드리지요. 저는 아나우로스강을 건너다 가죽신 하나를 물살에 떠내려 보내는 바람에 한쪽 가죽신만 신은 '모노산달로스'로 이 도성에 들어왔습니다. 지금 신고 있는 이것은 새로 마련한 가죽신입니다. 한쪽 가죽신만 신고는 왕궁에 들어올 수도, 숙부님을 만나 뵐 수도 없었기 때문이지요."

"나는 '모노산달로스'가 이올코스 왕이 될 것이라는 말은 들어보았으나, 그 '모노산달로스'가 내 조카일 것이라는 신탁은 받지 못하였다."

"하면, 펠리아스 숙부께서는 신탁에 의지해서 아버지 아이손을 내치고 왕좌를 차지하셨습니까? 신들의 뜻을 함부로 앞세우지 마십시오. 신들에게 죄를 지으면 용서를 빌 곳이 없습니다."

"네가 참으로 바라는 것이 무엇이냐?"

"이올코스로 돌아와 아버지와 어머니를 뵈었습니다. 아버지는 숙부님의 형님 되시고 어머님은 숙부님의 형수 되십니다. 그분들을 뵙고 왔는데도 저를 조카로 인정하지 않으시렵니까? 그분들을 이 왕궁

접견실로 모시고 올까요, 숙부님과 제가 그분들을 뵈러 갈까요?"

"네가 그렇게까지 말하는데 인정하지 않을 도리가 있겠느냐. 다시 묻겠다. 네가 참으로 바라는 것이 무엇이냐? 내가 너를 위하여 어떻게 해야겠느냐?"

"제가 참으로 바라는 것은 그 왕좌와 숙부님이 들고 계시는 그 지팡이입니다. 아버지가 들고 다니시던, 왕을 상징하는 지팡이가 아닙니까. 제 아버지의 가축 무리와 이 왕궁과 왕궁에 딸린 땅은 제가 바라지 않습니다."

"신들이 우리 가문을 도우셨구나. 네가 장성할 때까지 아이손 형님을 대신해서 나라를 다스리겠다고 맹세했던 내가, 이제 장성한 네가 돌아온 터에 무슨 명분에 기대어 왕좌에 연연하랴. '모노산달로스'여, 헤라 여신의 몸을 받아 내게 빚을 받으러 온 자여, 너는 이미 빚을 받았다."

펠리아스왕은 적법한 왕위 계승자 이아손이 나타난 것을 크게 반기는 뜻에서 나라가 시끄러울 만큼 큰 잔치를 베풀었다. 잔치는 닷새 밤낮이 지나도록 계속되었다. 이아손은 숙부 펠리아스왕이 의외로 쉽게 자신을 조카로 인정하는 것이 마음에 걸렸다. 왕관과 지팡이를 돌려주겠다고 너무 쉽게 약속하는 것도 마음에 걸렸다. 이아손이 짐작하고 있었던 숙부 펠리아스는 그런 인간이 아니었다. 악랄하고 교활한 인간이었다.

엿새째 날, 펠리아스가 이아손을 불러, 장조카와 함께 집안일을 근심하는 숙부가 대개 그러듯이 잔뜩 뜸을 들였다가 말문을 열었다.

"내가 너에게 왕좌와, 왕실의 가축 무리와 왕궁과 왕궁에 딸린 땅을 돌려주기 싫어서 이러는 것이 아니다. 더구나 네가 가축 무리와 왕궁과 왕궁에 딸린 땅은 굳이 요구하지 않겠다는데 내가 무엇을 망설이겠느냐? 하지만 너에게 왕좌를 물려주기 전에 내가 부탁할 것이 있다. 한번 들어보겠느냐?"

'그러면 그렇지.'

이아손은 속으로 이렇게 생각하면서도 겉으로는 태연하게 고개를 끄덕였다.

"어린 나이에 펠리온산으로 들어갔다고는 하나, 너는 우리 집안의 장손이니 프릭소스의 금양모피만은 모르지 않을 것이다. 너도 알다시피 우리와 가까운 친척이 되는 프릭소스는 머나먼 콜키스 땅에서 세상을 떠나셨고, 이 나라에 있었더라면 국보가 되고도 남았을 금양모피도 지금은 콜키스에 있다. 내가 금양모피가 탐이 나서 이러는 것이 아니다. 근자에 들어 잠만 들면 꿈에 프릭소스가 나타나 유해나마 고향 땅으로 오고 싶다고 눈물로 애원하는구나. 네 아버지 아이손도 비슷한 꿈을 꾸고 있을 게다. 어떠냐? 먼저 콜키스로 가서 금양모피와 프릭소스의 유골을 수습해 오지 않겠느냐? 내가 마음은 굴뚝같지만 보다시피 육신이 이렇듯 늙어 뜻을 이룰 수가 없구나. 네가 금양모피와 프릭소스의 유골을 수습해서 돌아오면 이 나라의 오랜 숙원을 풀어서 좋고, 너는 머나먼 콜키스를 원정한 영웅이 되어서 좋으니, 이러한 영웅을 대하면서 누가 너의 재능과 용기를 의심할 것이며, 누가 감히 이올코스 성벽 밑에서 칼을 뽑고 창을 휘두르겠느냐? 어떠냐? 머나먼 콜키스를 다녀오는 것이 싫지 않으냐? 네가 싫다고 한대서 달라지는 것은 하나도 없다. 억지로 다녀오게 하지는 않겠다. 그러니 네가 좋을 대로 하라."

듣기에 따라서는, 가겠다고 해도 좋고 못 가겠다고 해도 좋을 제안이었다. 그러나 펠리아스의 말 속엔 양날 도끼가 들어 있었다.

머나먼 콜키스……. 금양모피가 있다는 콜키스 땅은 그리스인은 아무도 가본 적이 없는 땅이다. 그리스인들은 어디에 붙어 있는지도 모르는 땅이다. 흑해 너머 아득히 먼 동쪽에 있는 나라라는 사실만 어렴풋이 전설처럼 전해지고 있던 땅이다.

만일 이아손에게 그럴 힘과 용기가 있어서 콜키스로 떠나겠다고 한다면 펠리아스는 제 칼에 피를 묻히지 않고도 이아손을 죽일 수 있게 되는 셈이다. 험한 바다, 미지의 땅, 항해 도중의 위험, 그리고 콜키스 왕이 금양모피를 빼앗으러 온 이아손을 그냥 두지 않을 것이기 때문이다. 이아손에게 그럴 힘과 용기가 없어서 콜키스로 떠나지 못하겠다고 해도 결과는 마찬가지다. 펠리아스는, 이아손이 비록 적법한 왕위 계승자라고 하나 힘도 없고 용기도 없는 조카를 위해 왕의 자리를 비워줄 만큼 도리에 밝은 위인이 아니었다.

그러나 숙부 펠리아스가 자신을 반갑게 맞이하여 마음의 고삐를 풀게 한 다음에 불리한 조건을 붙일 것임을 짐작하고 있던 이아손은 다음과 같은 말을 남기고는 왕궁의 접견실을 나왔다.

"마땅히 가서 찾아와야지요. 1백 일 말미를 주시면 그동안 새 배를 짓고 뱃사람을 모아 떠나겠습니다."

프릭소스의 금양모피

그렇다면, 펠리아스왕이 말하는 '프릭소스'는 누구이고, '금양모피'는 또 무엇인가?

이아손이 태어나기 약 50년 전 보이오티아 땅에 아타마스라는 왕이 있었다. 아타마스왕은 이아손 집안의 먼 일가붙이이기도 했다. 펠리아스왕이 이아손에게 금양모피가 자기 집안의 보물인 양 말한 것은 바로 이 때문이다.

아타마스왕에게는 왕비 네펠레가 낳아 기르던 남매가 있었는데 맏이는 프릭소스 왕자였고, 둘째는 헬레 공주였다. 이 남매 역시 이아손에게 먼 친척이 된다. 이 아이들이 여남은 살이 되었을 때 아타마스왕은 네펠레 왕비에게 싫증을 느끼고는 새 왕비 이노를 맞아들였다.

이노가 자식을 낳았으면 좋았을 것을 불행히도 이노에게는 자식이 생기지 않았다. 자식을 낳지 못하는 후처 눈에 전처가 낳은 자식이 곱게 보이기는 어려운 법이다.

이노는 이 전처가 낳은 남매가 밉게 보여 오래 속을 끓이다가 남매를 죽여 마음의 병을 고치리라고 마음먹었다. 그래서 친정 테바이에서 데리고 온 심복을 여럿 풀어 일을 꾸미기 시작했다.

당시 보이오티아 왕실의 소작인들은 봄이 오면 왕실의 곡식 창고를 지키는 고지기로부터 밀의 씨앗을 배급받아 밭에다 뿌렸던 모양이다. 이노 왕비는 심복들을 시켜 고지기 모르게 밀의 씨앗을 모두 볶아놓게 했다.

봄이 오자 왕실 소작인들은 그 밀씨를 받아 밭에다 뿌렸다. 볶은 밀씨를 뿌렸는데 싹이 날 리 있겠는가?

아타마스왕은 밀씨가 싹을 내지 못하는 까닭을 알 수 없어서 델포이의 아폴론 신전으로 사람을 보내어 아폴론 신의 뜻을 들어보려고 했다. 심복을 시켜 밀씨를 볶게 할 때부터 일이 여기까지 이를 것을 짐작하고 있던 이노는 밀씨 볶은 하수인 중 하나를 사신으로 보내도록 아타마스왕에게 권했다.

이 사신은 이노의 밀명을 받고 물 좋고 정자 좋은 데서 며칠을 좋이 놀다가 돌아와, 델포이 신전에서 들었다면서 아폴론 신의 뜻을 이렇게 꾸며서 전했다.

"제우스 으뜸 신께서 임금님을 시험하신다 합니다. 아들딸과 백성을 두루 사랑하시던 임금님께서, 근자에 들어서는 백성은 돌보지 않으시고 아들딸에게만 사랑을 쏟으신다지요. 그래서 제우스 으뜸 신께서 노하셨다고 하더이다."

아타마스왕은 신들에 대한 믿음이 깊은 사람이었다.

"내게 그런 허물이 있는 줄을 나는 알지 못했다. 하지만 으뜸 신께서 내려다보시면서 하신 생각인데 잘못 보시고 잘못 생각하셨을 리 있겠는가. 으뜸 신께서 그리 보시고 그리 생각하셨다면 그 자체가 나의 허물이다. 내가 어쩌면 좋겠느냐?"

"제우스 으뜸 신께서는 왕자와 공주 남매나 임금님 백성 중 한쪽을 산 제물로 바치기를 바라십니다."

아타마스왕은 이 말을 곧이듣고 오래 고민했다. 왕 자신의 허물 때문에 백성들을 희생시킬 수는 없는 일이었다. 그래서 백성들 대신 전 왕비 네펠레가 낳은 왕자와 공주 남매를 희생시키기로 결심하고 신전을 지키는 신관들에게 날을 받게 했다.

전 왕비 네펠레는 아타마스왕에게 신들이 질투할 만큼 남매를 지극하게 사랑한 일이 없다는 것을 잘 알고 있었다. 네펠레는 아무래도 사신의 말이 믿어지지 않아서 아타마스왕 몰래 신하 한 사람과 함께 델포이로 달려가 아폴론 신이 맡겨놓은 뜻을 물어보게 했다. 아폴론 신전을 지키고 있던 여사제가 전한 신탁은 이러했다.

"델포이를 다녀갔다는 사신이 배지도 않은 아이를 낳았구나."

사신이 델포이에 온 일도 없고 신탁을 물은 일도 없다는 뜻이었다.

새 왕비 이노의 미움을 사고 있다면 자기가 낳은 왕자와 공주는 목숨을 부지하기 어렵다는 것을 왕에게 배신당하여 소박맞은 왕비 네펠레는 잘 알고 있었다. 새 왕비 이노가 남매를 곱게 보지 않는다면 네펠레가 귀국하기도 전에 남매는 목숨을 잃을 수도 있었다. 그래서 네펠레는 헤르메스 신께 왕자와 공주를 살려달라고 빌었다. 이

프릭소스와 헬레
목숨이 위태로워진 프릭소스 왕자와 헬레 공주는 헤르메스 신의 도움으로 날개 달린 황금빛 양 카스말로스를 타고 보이오티아를 떠났다. 이 그림에서는 카스말로스가 하늘을 나는 대신 바다를 헤엄쳐 건너고 있다.

 기도를 듣고 왕자와 공주의 목숨이 위태롭다는 것을 알게 된 헤르메스 신은 황금빛 날개 달린 양 한 마리를 보이오티아로 보냈다. 왕자와 공주 남매를 피신시키라는 뜻이었다. 이 황금빛 양 '카스말로스'는 날개가 달려 있어서 하늘을 날 수도 있고, 신들의 은총을 입어 말을 할 수도 있었다.

 네펠레는 허둥지둥 보이오티아로 돌아왔지만 프릭소스 왕자와 헬레 공주는 왕궁에 없었다. 이미 헤르메스의 금양이 프릭소스 왕자와 헬레 공주를 잔등에 태우고 동쪽으로 날아간 다음이었다.

 금양이 이 남매를 등에 태우고 동북쪽으로, 동북쪽으로 한없이 날아가다 트라키아 땅과 소아시아의 접경을 지나고 있을 때였다. 오라비인 프릭소스는 금양의 목털을 붙잡고 바싹 엎드려 잘 견디는데,

누이 헬레는 오라비의 허리를 안고 있다가 조는 바람에 그만 금양의 잔등에서 바다로 떨어지고 말았다. 지금의 다르다넬스해협 부근의 해역인 이 바다가 옛날에는 '헬레스폰토스(헬레의 바다)'라고 불린 것은 이 때문이다.

금양은 헬레가 바다에 떨어진 것도 모르고 계속해서 날아 에욱세이노스(적대적인 바다)를 건넜다. 이 바다가 그 시절에 '에욱세이노스'라고 불린 것은 당시 이 바다가 그리스인들을 용납하지 않았기 때문인데, 그래서 그런지 지금도 '흑해'라는 부정적인 이름으로 불린다. 어쨌든 금양은 이 에욱세이노스 동쪽에 있는 콜키스 땅에다, 누이 헬레가 바다로 떨어진 줄도 모르고 있던 프릭소스를 내려놓았다.

바다로 추락하는 헬레
헬레가 금양에서 떨어진 곳은 지금의 다르다넬스해협 부근 해역으로, 옛날에는 '헬레스폰토스(헬레의 바다)'라고 불렸다. 폼페이 벽화.

금양을 탄 프릭소스
프릭소스가 혼자 있는 것으로 보아 헬레가 바다로 떨어진 이후인 듯하다. 프릭소스는 금양을 타고 콜키스 땅에 도착해 아이에테스왕의 맏딸 칼키오페와 결혼했다.

　콜키스 왕 아이에테스는 먼 나라 왕자가 반가웠기보다는 금양이 탐이 나서 프릭소스를 크게 반겼다. 프릭소스는 그 금양을 잡아 제우스 으뜸 신과 헤르메스 신께 제사를 올리고 금양의 모피는 아이에테스왕에게 바쳤다.
　은혜를 입고도 금양을 죽인 프릭소스를 이상하게 생각할 것은 없다. 제우스 으뜸 신도 젖을 먹여 자기를 길러준 암 산양 아말테이아를 잡고 그 가죽으로 방패를 만들었던 적이 있다. 아이에테스왕은 이 금양모피를 신성한 나무에 걸어두고 왕국의 으뜸가는 보물로 쳤다. 보물이었으니 누가 훔쳐가지 못하도록 단단히 지켜야 하지 않겠는가? 왕은 무시무시한 용 한 마리를 보내어 금양모피를 지키게 했다.
　이아손에게 펠리아스왕이 찾아오라고 한 '금양모피'는, 그러니까 엄밀하게 말하면 프릭소스의 친척인 이아손에게도 소유권을 주장할 권리가 있는 바로 그 금양의 모피다.

배 만들기도 만만치 않네

 머나먼 콜키스 나라까지 가자면 빠르고 튼튼한 배가 있어야 했고, 그런 배가 있어야 한다면 지어야 했다. 당시의 이올코스에는 그런 배가 없었던 모양이다. 이아손이 배 짓는 명장 아르고스와 나누는 이야기를 엿들어보면 당시의 사정을 헤아릴 수 있다.
 아르고스는, 노잡이가 노를 놓쳐도 노가 물결에 떠내려가는 일이 없도록 노의 손잡이와 노잡이의 자리를 가죽끈으로 연결하는, 당시로서는 참으로 칭송받을 만한 방법을 겨우 열두 살 때 생각해낸 사람이다. 나이를 먹자 이 아르고스는 방향잡이 키로는 배의 방향을 바꾸는 데 힘이 많이 든다고 해서 바퀴처럼 생긴 키 손잡이를 발명해서 에우보이아 섬 사람들을 놀라게 했고, 나이가 더 들어서는 바람의 방향이 바뀔 경우 돛대 위에서 저절로 돌아 각도를 바꾸는 돛을 만들어 온 그리스 뱃사람을 놀라게 한 천재다.
 젊은 이아손이 수소문 끝에 늙은 아르고스가 숨어 사는 곳을 찾아갔다. 이아손이 배 지을 의논을 꺼내자 아르고스는 그 배로 갈 곳부터 물었다.

"콜키스."

이아손이 이렇게 대답하자 아르고스가 고개를 저었다.

"콜키스라면, 아이아(새벽의 나라)가 아닙니까? 차라리 하데스의 나라(저승)로 가자고 하시지요."

"콜키스를 '아이아'라고 하는 건 이 땅이 동쪽에 있어서이지 갈 수 없는 나라, 가서 되돌아올 수 없는 나라라는 뜻은 아닐 것입니다."

"그래도 빠른 배가 아니고는 내가 죽기 전에는 당도하지 못합니다. 돛단배로 그 먼 뱃길에 나설 수는 없는 일이고, 콜키스가 건너편 섬이 아니니 노를 저어 갈 수도 없는 일이지요."

"나는 돛도 있고 노도 있는, 말하자면 둘을 겸하는 배를 지으려 합니다."

"대체 몇 사람을 태워 노를 젓게 하실 작정입니까?"

"50명 정도 태울 작정입니다."

이아손이 '50명'이라고 한 것은 '100'의 절반인 '50'이라는 뜻이 아니고, 그저 '많은 사람'을 태우겠다는 뜻이었다. 아르고스가 벌린 입을 다물지 못했다.

"50명이라고 했습니까? 그런 배는 이제껏 바다에 뜬 적도 없거니와 앞으로도 없을 것입니다. 나는 꿈에도, 그런 배를 짓는 꿈은 꾸어 본 적이 없습니다."

"풍향에 맞추어 저절로 각도가 변하는 돛을 만드신 아르고스 그대

아르고호가 만들어지다
이아손(가운데)이 배를 짓는 아르고스(오른쪽)를 돕고 있다. 왼쪽은 영웅들의 수호 여신 아테나. 이 고대 돋을새김을 재현한 그림을 보면, 아테나 여신 뒤의 횃대에 부엉이가 앉아 있다. 어둠을 뚫어보는 새 부엉이는, 지혜의 여신이기도 한 아테나를 상징하는 어트리뷰트로 유명하다.

가 말인가요? 이제껏 바다에 뜬 적이 없는 배, 꿈도 꾸어본 적이 없는 배를 만드세요. 꿈도 내가 꾸고, 바다에도 내가 띄우겠어요."

어쨌든 이아손과 아르고스가 배를 짓기로 한 것을 보면, 나이 차가 많아도 배는 서로 잘 맞았던 모양이다.

앞에서 썼듯이 이 시절에는 다섯 명 이상의 뱃사람이 탄 배는 나라의 허가 없이는 먼 바다로 나갈 수가 없었다. 그러나 이 말은 다섯 명 이상의 뱃사람이 탈 수 있을 정도로 큰 배가 없었다는 뜻이 아니다. 트로이아 전쟁 때 군함이 그리스 연합군을 싣고 트로이아(지금의 튀르키예)를 침공했다. 그리스에서 군사들과 그 군사들이 탈 말을 싣고 트로이아로 가려면 에게해를 거슬러 올라가야 한다. 에게해는 작은 바다도 아니고 태평양같이 잔잔한 바다도 아니다. 조그만 배로는 어림도 없었을 것이다. 따라서 그리스인들의 배 짓는 기술은 당시에 이미 만만치 않았을 것이다.

『아르고 원정대 이야기』를 쓴 아폴로니오스는 자세히 밝히고 있지 않지만 '아르고호'의 크기를 짐작할 만한 단서는 있다. 『신화 추적자』라는 책을 쓴 영국의 기록영화 제작자 마이클 우드에 따르면, 현재의 볼로스 근처 파가사이만에서는 아르고호와 비슷한 배가 지어진 적이 있다. 그러니까 기원전 8세기의 그림 낙서와, 오랜 세월 에게해를 건너 다니던 배들의 그림을 보고 아르고호의 모습을 짐작해서 배를 지은 것이다. 그 규모가 어마어마하다.

파가사이만에서 지어졌다는 이 배의 용골(배의 세로 뼈대) 재목

아르고 원정대를 위한 배를 짓다
19~20세기 네덜란드 화가 안톤 데르킨데렌의 그림.

은 다섯 살배기 이아손을 스무 살이 될 때까지 품어 기른 산, 펠리온 산에서 베어 온 너도밤나무다. 길이가 무려 30미터나 된다. 이 너도밤나무 재목 세 개를 긴 참나무 못으로 박는다. 이 용골을 물에 오래 담갔다가 꺼내어 굵은 쇠사슬로 잡아당겨 구부린다. 용골이 거대한 활처럼 휠 수밖에 없다. 이 너도밤나무 용골 재목과 재목 사이에는 스물다섯 개의 노좌(노잡이들이 앉는 자리)가 만들어진다. 다른 뼈대는 없다. 이 노좌들이 용골과 용골 사이를 메우는 것이다. 이렇게 해서 지어진 배의 이물(뱃머리)에는 높이 3미터의 돛대가 세워진다. 아르고호에도 돛대가 있었다. 아르고호 돛대 재목으로는 도도네(그리스 북서쪽에 있던 고대 도시)의 제우스 신탁 신전에서 베어 온 참나무가 쓰였다.

제우스 신탁 신전에 대해서 조금 설명하고 넘어가자. 신탁 하면 독자들은 델포이에 있는 아폴론 신전을 생각한다. 하지만 아폴론 신전의 여사제 퓌티아가 신탁을 전하기 전에는 도도네의 제우스 신전 뒤에 있는 말하는 참나무가 신탁을 들려주었다. 사람들이 신의 뜻을 물을 때마다 이 참나무가 대신해서 그 가지와 잎새의 살랑거림으로 제우스의 뜻을 전했다는 것이다. 도도네 참나무가 전하던 신탁은 세월이 흐르면서 아폴론 신전의 퓌티아에게로 넘어간다. 퓌티아 다음으로 신탁을 전한 아폴론의 여사제는 시뷜레였다. 시뷜레는 아폴론의 애인으로 한 움큼 퍼 올린 흙의 알갱이 수만큼의 세월을 이 땅에 머물렀다고 한다.

도도네에서 베어 온 이 참나무 돛대는 인간처럼 말을 알아듣고 말을 할 수도 있었다고 한다. 신화시대에는 참 편리했겠다. 털이 황금빛이었던 금양 카스말로스는 하늘을 날 수도 있었을 뿐만 아니라 말도 할 수 있었고, 식물인 도도네의 참나무 돛도 말을 할 수 있었다니, 신화시대가 아니고서야 어떻게 이런 일이 가능했겠는가.

인간이 어떻게 감히 제우스 으뜸 신의 신전 가까이 있는 참나무를 베어 올 수 있겠는가? 도도네 참나무를 베어 온 이는 아테나 여신이다. 아테나 여신이 제우스 으뜸 신의 허락을 얻어 한 그루 베어다 준 것이다. 어째서 헤라 여신이 아니고 아테나 여신이었을까? 아테나는 아르고호를 짓고 있는 아르고스의 수호 여신이다. 그래서 아르고스의 간절한 기도를 듣고 이에 응답한 것이다.

아르고스와 이아손이 이 도도네 참나무를 돛대 재목으로 쓴 것이 아니고 헤라 여신의 모습을 새겨 뱃머리를 장식했다는 설명도 있다. 말하는 참나무로 깎은 헤라 여신의 목상이 맨 앞에서 아르고호의 뱃길을 안내했을 것이라는 이 설명, 훨씬 설득력 있게 들린다.

4장
영웅들, 배를 띄우다

GREEK
AND
ROMAN
MYTHOLOGY

아르고 원정대

아르고스가 배를 짓고 있을 동안 이아손은 온 그리스 땅 곳곳으로 사람들을 보내어 당시 한다하는 영웅들은 다 모셔오게 했다. 어느 정도 유명한 영웅들을 다 모셨는가 하면, 여기에 끼지 못하면 가짜 영웅 소리를 들을 판이었다. 그래서 그리스 곳곳에서는 자기네 지방 영웅이 원정대원이었다는 주장이 자주 제기되었다. 형편이 이렇게 되고 보니 원정대원의 수는 점점 늘어날 수밖에 없었다. 이 책에서는 50명이었다는 주장의 손을 들어줄 수밖에 없다. 1백 명이었다는 주장이 나중에 제기되었지만 당시의 배 짓는 기술로는 1백 명은 아무래도 무리였을 것 같다.

원정대장은 이아손이 맡았다. 원정대원 중에서 가장 유명한 대원은 아무래도 그리스의 천하장사 헤라클레스일 것 같다. 하지만 헤라클레스는 원정 도중에 대원 노릇을 그만두고 그리스로 돌아가버렸다. 이 이야기는 나중에 자세히 쓰기로 한다.

테세우스가 원정에 참가했다는 주장이 있다. 하지만 이 주장은 믿을 바가 못 된다. 독자들은 테세우스가 신분증이 될 만한 신표를 가지고 아버지 아이게우스를 만나러 아테나이로 갔던 것을 기억할 것이다. 이때 독약을 탄 술을 준비하고 테세우스를 기다리고 있던 여자는 계모 메데이아였다. 테세우스가 아르고 원정대원이었다면 어떻게 이아손의 아내가 되었던 메데이아를 알아보지 못할 수 있겠는가? 신화나 만화에서 안 되는 게 어디 있어? 이렇게 억지를 부리는 사람들이 있다. 아무리 신화지만 이것은 너무 심한 억지 아닌가?

 몇몇 중요한 대원들의 면면을 살펴보자. 개개인의 이야기는 한 편의 소설, 한 편의 영화로 만들어지기도 했다. 항해가 시작되면 우리는 개개인의 면모를 살필 여유가 없다. 그러니 인내하면서 읽어두자.

 오르페우스가 아무래도 두 번째로 유명한 대원이었을 것 같다. 오르페우스 이야기는 제1권에 자세하게 적혀 있다. 하지만 조금 줄여서 다시 언급하는 것이 좋겠다. 너무나 슬프고 아름다운 사랑 이야기이기 때문이다. 이 이야기를 알고 있어야 아르고 원정 중 곳곳에서 수금과 노래로써 일으키는 오르페우스의 기적을 이해할 수 있기 때문이기도 하다.

 오르페우스는 뤼라lyra, 즉 수금(줄이 일곱 개인 현악기)의 신 아폴론의 아들인 것으로 전해진다. 아폴론의 아들이 아니라 트라키

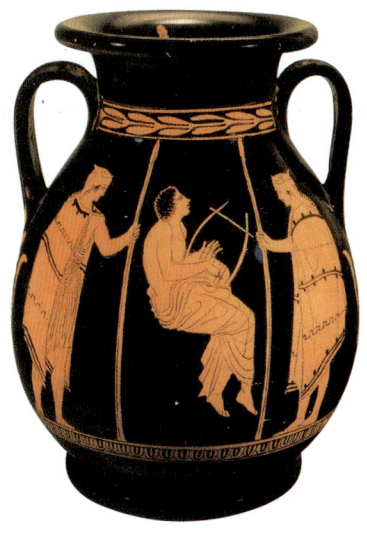

수금을 타는 오르페우스
오르페우스가 두 명의 트라키아인 사이에서 수금을 연주하고 있다.

아 왕 오이아그로스의 아들이라는 주장도 있다. 내가 보기에는 아무래도 오이아그로스의 아들이라는 주장이 옳을 것 같다. 두 가지 정황 증거가 있다. 아폴론의 아들이라는 주장은 아폴론이 수금의 신이고, 오르페우스 또한 수금의 천재였기 때문에 나온 것 같다. 오르페우스의 어머니인 칼리오페는 무사이(예술의 여신들) 아홉 자매 중 하나다. 이 아홉 자매가 다 누구의 딸들인가? 제우스 신의 딸들이다. 그렇다면 수금의 신 아폴론은? 제우스의 아들이다. 보라, 아폴론과 칼리오페는 남매간이 아닌가? 이 두 가지 이유 때문에 오르페우스가 아폴론의 아들이라는 주장에 나는 손을 들어줄 수 없다.

오르페우스는 수금 타는 솜씨가 참으로 훌륭했다. 노래는 짓기도 잘 짓고 부르기도 잘 불렀다. 그래서 그의 음악에 매혹당하지 않

칼리오페
오르페우스는 아홉 무사이 중 한 명인 칼리오페의 아들이다. 17세기 프랑스 화가 외스타슈 르 쉬외르의 그림.

는 사람이 없었다. 인간뿐만이 아니었다. 짐승까지도 오르페우스가 고르는 가락을 들으면 그 거친 성질을 죽이고 다가와 귀를 기울이곤 했다. 나무나 바위도 그 가락의 매력에 감응했으니 나무는 그가 있는 쪽으로 가지를 휘었고 바위는 그 단단한 성질을 잠시 누그러뜨리고 가락을 듣는 동안만은 말랑말랑한 상태로 머물러 있었다고 한다. 이 천하제일의 명가수는 나이가 차자 에우뤼디케라는 아름다운 처녀와 혼인했다. 신랑의 어머니가 무사이 여신 중 한 분이었던 만큼 결혼식은 성대하게 베풀어졌다. 결혼의 신 휘메나이오스가 몸소 참석했을 정도였다.

결혼의 신 휘메나이오스가 와서 축복한다는 것은 행복의 약속을 받는 것이나 다름없다. 그러나 휘메나이오스는 이 결혼식에서만은 이 둘을 축복해주지 않았다. 결혼식 분위기에서도 신랑과 신부가 행복하게 잘 살 것이라는 조짐은 하나도 보이지 않았다. 아니, 행복의 조짐은커녕 휘메나이오스가 들고 온 횃불에서는 연기가 너무 많이 났다. 그 바람에 신랑 신부는 눈물까지 흘리지 않으면 안 되었다.

이 결혼식이 열린 것은 오르페우스가 아르고 원정을 끝낸 뒤의 일이라는 것을 밝혀둔다.

오르페우스와 에우뤼디케가 있는 풍경
수금을 타는 오르페우스와, 화관을 쓰고 미소를 띤 에우뤼디케의 모습이 보인다. 니콜라 푸생의 그림.

결혼한 지 열흘이 채 못 되던 어느 날 새색시 에우뤼디케는 동무들과 함께 올륌포스산 기슭의 템페 계곡으로 꽃을 꺾으러 갔다. 그런데 이곳에는 양을 돌보면서 꿀벌을 치는 아리스타이오스라는 청년이 있었다.

아리스타이오스는 운명의 손길에 등을 떠밀려서 그랬던지 아니면 건강한 젊은이의 호기심 때문에 그랬던지 이 에우뤼디케에게 말을 붙여보려고 했다. 물론 에우뤼디케가 새색시인 줄 모르고 그랬을 것이다.

에우뤼디케는 새색시인지라 황급히 그 자리를 피하여 달아났다.

아리스타이오스는 달아나는 에우뤼디케를 뒤쫓으며 소리쳤다.

"희롱하려는 것이 아니고 그저 말마디나 여쭈려는 것이니 달아나지 마세요."

그러나 에우뤼디케는 걸음을 멈추지 않았다. 요정들이 멀찍이 서 있다가 달아나는 에우뤼디케를 보고 달려왔다.

"나도 더 이상 쫓지 않을 테니, 이제 그만 달아나세요. 자, 내가 걸음을 멈추었으니 아가씨도 이제 그만 걸음을 멈추세요."

아리스타이오스는 걸음걸이를 늦추며 저만치 달아나는 에우뤼디케를 향해 소리쳤다. 요정들이 들으라는 듯이 소리쳤다.

이 싱거운 술래잡기는 곧 끝났다. 에우뤼디케가 달아나다가 풀밭에서 쉬던 저승의 안내자를 밟고 만 것이다. 저승의 안내자가 무엇이겠는가? 독사다. 에우뤼디케가 독사를 밟았는데 독사가 가만히 있겠는가? 독사는 에우뤼디케의 발뒤꿈치를 물었다.

독사에 물린 에우뤼디케
쫓아오는 아리스타이오스에 놀란 에우뤼디케는 달아나다 독사에게 물리고 만다. 티치아노의 그림.

    요정들에게 안겨 집으로 돌아오는 길에 에우뤼디케는 숨을 거두었다.

    졸지에 새색시를 잃은 신랑 오르페우스는 신과 인간은 물론 대기를 숨 쉬는 모든 산 것들에게 수금 소리와 노래로 슬픔을 전했다. 함께 슬퍼해주는 사람은 많았다. 하지만 그 사람들은 에우뤼디케의 죽음을 당연한 죽음, 오르페우스의 슬픔을 당연한 슬픔으로 알았다.

    오르페우스가 어찌나 애절하게 슬픔을 노래 부르고 다녔던지 슬픔에 목이 멘 들짐승들은 더 이상 풀을 뜯지 않으려 했고, 초목은 저승신 하데스가 원망스러웠던지 고개를 저승 있는 쪽으로 접었다.

오르페우스의 비탄
시간이 멈춘 듯 황량한 배경에서 수금을 껴안은 채 통곡하는 오르페우스의 슬픔이 그대로 전해지는 듯하다. 19~20세기 프랑스 화가 알렉상드르 스옹의 그림.

 오르페우스의 슬픔은, 함께 슬퍼하는 자의 슬픔으로 삭여질 수 있는 그런 슬픔이 아니었다. 그런 슬픔이었다면 대지의 여신 데메테르에게 탄원하지도 않았으리라.

 노래와 수금 타기로 세월을 보내던 오르페우스가 심금을 울리는 수금 반주에 맞추어 애간장 끓는 노래로 탄원하자 데메테르 여신은 딸림 여신을 통하여 이렇게 말했다. 딸림 여신의 말은 데메테르 여신의 말과 똑같다.

 "딸 찾아 낮 비 밤이슬 맞으며 온 땅을 다녀본 나다. 내가 어찌 아내 잃은 네 슬픔을 모르랴. 그렇지만 자식 잃어본 자가 어찌 나뿐이고 아내 앞세운 자가 어찌 너뿐이랴. 나에게 탄원하는 것은 옳지 않다. 그러나 네가 타는 수금 소리, 네가 부르는 슬픈 노래를 듣고 내 땅의 짐승들이 먹고 마시기를 거절하고 초목이 고개를 접으니 괴이하구나."

오르페우스는 곡식과 초목의 여신 데메테르에게 눈물로 호소했다.

"제가 흘리는 눈물은 제 고통의 지팡이요, 금수 초목이 저에게 보내는 연민은 신들을 겨누는 저항의 화살입니다.

땅의 어머니시여, 신들이 닦지 못할 눈물이 없을 것인즉 굽어살피소서. 제 아내 에우뤼디케를 찾아가겠습니다. 영웅신 헤라클레스가 다녀온 곳, 테세우스가 다녀온 땅으로 내려가겠습니다. 프쉬케가 다녀온 곳으로 저도 가겠습니다. 가서 제 아내 에우뤼디케를 데려오겠습니다."

그 하소연을 들은 데메테르 여신의 딸림 여신은 부드럽게 오르페우스를 꾸짖었다.

"당치 않다. 네가 아내를 얼마나 사랑하는지 내가 알겠느냐만, 저승은 봄이 온다고 씨앗이 싹을 틔우고 줄기가 꽃을 피우는 땅이 아니다."

"저를 사랑하소서. 제 눈물을 사랑하소서. 애통해하는 저를 사랑하소서."

"어쩔 수가 없구나. 비록 내 딸이 저승 왕의 총애를 받고 있다고 하나 이승과 저승의 법도는 다른 것이다. 네가 '대지의 여신'이라고

페르세포네와 데메테르
에로스의 화살에 맞은 하데스는 데메테르의 딸 페르세포네에게 반해 그녀를 납치해서 저승으로 데려간다. 이를 뒤늦게 안 데메테르는 딸을 찾고자 하지만, 페르세포네는 이미 저승의 음식을 입에 넣어버리는 바람에 저승을 아주 떠나 살 수 없게 되었다.

부르는 나도 딸을 보고 싶다고 해서 딸을 찾아가지 못한다. 내가 내 막을 좀 알아보고 방법을 찾아볼 것이니 그리 알고 기다리거라."

데메테르의 신전을 물러 나온 오르페우스가 며칠을 기다렸다가 다시 데메테르 신전을 찾아갔다. 딸림 여신이 전하는 여신의 뜻은 이러했다.

"내가 강의 요정을 저승으로 흘려 보내어 내막을 알아보았다. 그랬더니 네 아내를 죽게 한 자는 아리스타이오스라는 꿀벌치기라는 구나. 이 자가 속죄 의식을 거행하지 않아서 네 아내는 하데스의 궁에 들지 못하고 저승의 강가를 떠돈다고 하더라. 그래서 내가 요정들을 보내어 아리스타이오스의 벌 떼를 모두 죽이고, 속죄 의식을 베풀면 벌 떼를 살려주겠노라고 했다. 일전에 아리스타이오스가 속죄 의식을 끝내었다는 소식과 네 아내 에우뤼디케가 저승의 왕궁에 들었다는 소문을 들었다. 이제 네가 어쩌려느냐?"

"저승으로 내려가겠습니다."

"네가 대체 무슨 권능에 의지해서 산몸으로 혼령의 나라를 다녀오겠다는 것이냐?"

"헤라클레스는 힘에 의지해서 산몸으로 혼령의 나라를 다녀왔고, 테세우스는 헤라클레스에 의지해서 산몸으로 혼령의 나라를 빠져나

저승에서 케르베로스를 데려온 헤라클레스
헤라클레스의 12가지 과업 중 마지막이 저승을 지키는 개 케르베로스를 이승으로 데려오는 것이었다. 머리 셋 달린 케르베로스를 본 아르고스 왕이 황급히 청동 항아리 속으로 숨고 있다.

저승에 다녀온 프쉬케
에로스를 믿지 못한 프쉬케는 아프로디테의 노여움을 사 저승의 왕비 페르세포네에게 심부름을 다녀오게 된다. 저승의 강을 건너려는 프쉬케에게 뱃사공 카론이 뱃삯을 요구하고 있다. 영국 화가 존 로댐 스펜서 스탠호프의 그림.

왔습니다. 저승은 프쉬케가 사랑에 의지해서 다녀왔고 시쉬포스가 꾀에 의지해서 다녀온 곳입니다. 저 역시 사랑에 의지해서 다녀오겠습니다. 돌아오지 못하면 에우뤼디케와 함께 그 나라에 머물겠습니다."

오르페우스는 이렇게 말하면서 일곱 줄 수금을 가만히 가슴에 껴안았다.

"아케론강의 뱃사공 카론이 산 자를 태워 강을 건너게 해줄까?"

오르페우스는 대답 대신 수금을 가리켰다. 수금 연주로 카론의 환심을 살 수 있을 것이라는 뜻이었다.

 "불의 강을 건너야 할 터인데 네가 무슨 수로 불길을 이길 것이며, 망각의 강을 건너야 할 터인데 네가 무슨 수로 이승의 기억을 강에 떠내려 보내지 않을 수 있겠느냐."

 오르페우스는 또 한 번 수금을 가리켰다.

 "네가 그리스 땅에서 수금을 가장 잘 타는 자라는 말이 빈말이 아니었구나. 네가 '대지의 여신'이라고 부르는 나에게도, 산목숨이 죽은 목숨을 만나러 가는 이치가 쉽지만은 않다. 내 딸 페르세포네가 해마다 하데스로부터 휴가를 얻어 내게로 올 때 잘 다니는 길이 있다. 타이나론으로 가보아라. 내가 할 수 있는 일은 그 길을 너에게 가르쳐주는 것뿐이니, 나머지는 네가 요량하도록 하여라."

 데메테르 여신을 대신하는 딸림 여신은 이 말끝에 타오르던 향불을 껐다. 오르페우스는 그 빼어난 수금 솜씨를 반주로 이 생성과 소멸의 여신을 찬송했다.

 오르페우스는 엘레우시스 땅으로 갔다. 데메테르 여신의 신전이 있는 엘레우시스에서 오르페우스는 신관의 안내를 받아 라코니아 땅 타이나론 동굴을 통하여 저승으로 내려갔다.

 맨 먼저 앞을 가로막은 아케론강의 뱃사공 영감 카론은 오르페우스가 산 자임을 알아보고는 치려고 노를 둘러메었다. 그러나 오르페우스가 수금을 뜯으며 노래를 부르자 아케론강은 저승에 가로누운 제 신세를 한탄했고 뱃사공 카론 영감은 오르페우스를 태워 강을 건네준 뒤에도 배로 돌아가려 하지 않았다. 너무 감동한 나머지 돌아

뱃삯을 요구하는 뱃사공 카론
엽전 한 닢이라도 받지 않고는 절대 강을 건네주지 않는 카론이지만 오르페우스의 노래에는 무너지고 만다. 석관의 돋을새김.

가는 것을 잊었던 것이다.

무수한 혼령의 무리를 지나 하데스와 페르세포네 앞으로 나선 오르페우스는 수금 반주로 노래하기 시작했다.

"……저는 아프로디테의 명을 받고 온 프쉬케도 아니고, 케르베로스와 힘을 겨루러 온 헤라클레스도 아니며, 저승의 왕을 희롱하러 온 테세우스도 아니고, 저승 왕비를 속이러 온 시쉬포스도 아닙니다.

두 분 신이시여, 꽃다운 나이에 독사의 독니에 물려 이곳으로 내려온 에우뤼디케를 아시지요? 제 아냅니다. 저는 아내를 찾으러 왔습니다.

신들이시여, 제 아내 에우뤼디케가 이곳에 온 것은 때가 되어서 온 것이 아닙니다. 그래서 저도 때 아니게 이렇게 왔습니다. 바라건대 신들이시여, 신방 차리고 기운 달 하나 보름달로 부풀리지 못한 에우뤼디케를 돌려주십시오. 제 집에서 와서 살다가 명이 다하면 이곳으로 내려올 것입니다.

두 분 신들이시여, 데메테르 여신께서 제 길을 일러주셨으나 그분 권능에는 의지하지 않겠습니다. 제가 의지할 것은 제 아내에 대한 사랑과 제가 뜯는 이 수금, 제가 부르는 이 노래뿐입니다.

에우뤼디케를 돌려주십시오. 돌려주시지 않으면 저도 지상으로 돌아가지 않으렵니다. 돌려주시어 저희 부부의 인연이 아름답게 다시 이어지는 걸 보시든지, 고개를 저으시어 저희 부부가 망령으로 떠도는 걸 보시면서 두 분의 승리를 즐기시든지 요량대로 하소서.

그러나 두 분 신이시여, 저희 사랑은 저승의 풀 아스포델로스도 꽃을 피우지 못하는 이 음습한 땅에서도 꽃피우고 열매를 맺을 것인즉 두 분의 승리가 반드시 즐거운 것만은 아닐 것입니다."

오르페우스가 이렇게 읊조릴 동안 저승에서는 참으로 희한한 일들이 벌어지고 있었다.

하데스는 울고 싶던 차에 매 맞은 듯한 얼굴을 했고, 페르세포네는 오르페우스와 하데스를 견주듯이 번갈아 바라보았으며, 케르베로스는 꼬리를 다리 사이로 말아 넣었고, 뱃사공 영감 카론은 혼령으로부터 뱃삯으로 받은 엽전을 한 줌씩 집어 공중으로 던지고 있었다.

저승 왕의 궁전 오른쪽에는 무한 지옥 타르타로스가 있다.

이 타르타로스에는 많은 죄인이 벌을 받고 있는데, 그중 탄탈로스

저승을 울린 노랫소리
하데스와 페르세포네 앞에서 노래하는 오르페우스. 그 옆에는 에우뤼디케가 서 있고, 저승의 망령들이 그녀를 둘러싸고 있다. 18세기 프랑스 화가 장 레스투 2세의 그림.

는 물속에 몸을 담그고 있는데도 영원한 갈증에 시달려야 한다. 탄탈로스가 마시려고 입을 대면 물은 달아나버리기 때문이다. 하지만 오르페우스가 노래를 부르고 있을 동안만은 물이 달아나지 않았고 탄탈로스도 물을 마시려고 하지 않았다. 제우스를 속인 익시온은 영원히 도는 불바퀴에 매달려 비명을 지르고 있었다. 그러나 오르페우스가 노래를 부르고 있을 동안만은 불바퀴가 돌지 않았고 익시온이 비명을 지르지도 않았다.

익시온 옆에는 티튀오스가 독수리의 부리에 살을 파먹히면서 소리를 지르고 있었다. 그러나 오르페우스가 노래를 부르고 있을 동안에는 독수리가 티튀오스의 살을 파먹지 않았고 티튀오스도 소리를 지르지 않았다.

익시온 옆에는 밑 빠진 독에다 영원히 물을 길어다 부어야 하는 다나오스 자매들이 있었다. 그러나 오르페우스가 노래를 부르고 있을 동안만은, 밑이 빠졌는데도 불구하고 물이 새지 않았다. 덕분에 다나오스 자매들은 잠시 허리를 펼 수 있었다.

시쉬포스는 저승 왕을 속인 죄로 산꼭대기로 바위를 굴려 올려야 했다. 바위는 산꼭대기에만 이르면 다시 굴러 내려왔다. 따라서 시쉬포스는 영원히 그 바위와 씨름하지 않으면 안 되었다. 그러나 오르페우스가 노래를 부르고 있을 동안에는 굴러 내려오던 바위가 노래를 듣느라고 잠시 중턱에서 멈추었고 시쉬포스는 거기 걸터앉아 노래를 들었다.

복수의 여신 에리뉘에스와 천벌의 여신 네메시스가 눈물을 보인

무한 지옥 타르타로스에서 벌을 받는 죄인들
타르타로스에는 많은 죄인들이 벌을 받고 있다. 탄탈로스는 물속에 몸을 담그고 있지만 물을 마실 수 없고(왼쪽 위), 시쉬포스가 굴려 올린 바위는 산꼭대기에 이르면 도로 내려와 시쉬포스를 영원히 쉴 수 없게 만들고(왼쪽 아래), 다나오스 자매들은 독에 물을 채워야 하지만 밑 빠진 독이라 물을 채울 수 없다(오른쪽).

것은 이때가 처음이었다.

  옷깃으로 눈자위를 찍어내는 아내 페르세포네 옆에서 가만히 고개만 끄덕이고 있던 하데스가 가까이 있는 저승 차사에게 나직이 말했다.

"에우뤼디케라고 하는 것을 찾아서 데려오너라."

에우뤼디케가 독사에 물린 상처 때문에 잘룩거리며 혼령들 사이에서 걸어 나왔다. 에우뤼디케는 고개를 돌린 채 오르페우스의 품 안으로 뛰어들었다.

하데스가 이 어정쩡하게 포옹한 부부를 내려다보다가 징소리 같은 음성으로 말했다.

"수많은 혼령이 '오르페우스의 수금', '오르페우스의 노래'라고 하더니, 그 이름이 잘못 전해지지 않았구나. 과연 잘 타고 잘 부르는구나. 그래, 내가 너희 눈물을 닦아주마. 이로써 내가 네 수금 타는 재간과 노래하는 솜씨의 값을 치르마. 대신 너는 이곳 혼령들이 흘린 눈물 값을 치러야 한다. 망각의 강물이 너 때문에 그 효력을 잃고 말았구나.

가거라, 네 아내를 데리고 가거라. 가되, 내 땅을 벗어날 때까지 네 아내의 얼굴을 보아서는 안 된다. 이것이 저승의 법이다. 내가 너에게 물리는 눈물 값이다. 네가 수금 소리로 이 기적을 일으켰으니 소리야 무슨 상관이 있겠느냐만 눈길은 나누지 못한다. 산 자와 죽은 자는 눈길을 나누지 못한다. 내 말을 소홀하게 듣지 마라. 잘 가거라, 오르페우스여!"

오르페우스는 에우뤼디케를 앞서서 하데스궁을 나왔다. 에우뤼디케는 뒤를 따랐다.

하데스의 뜻이 미리 전해져 있었던지 저승의 험한 길은 더 이상 험한 길이 아니었다. 오르페우스 부부는 음습하고 물매가 급한 길을

오르페우스를 따르는 에우뤼디케
수금을 등불처럼 치켜든 오르페우스가 에우뤼디케의 손을 꼭 잡고 간다. 19세기 프랑스 화가 장 밥티스트 카미유 코로의 그림.

따라 오래오래 걸었다. 걷다가 오르페우스가 이따금씩 물었다.

"잘 따라오지요?"

"잘 따라가요. 돌아다보지 마세요."

에우뤼디케가 다짐을 주었다.

오르페우스는 한참 걷다가 또 물었다.

"잘 따라오지요?"

"잘 따라가니까 돌아다보지 마세요."

에우뤼디케가 또 다짐을 주었다.

이윽고 낯빛이 보이는 동굴 입구에 이르렀다. 항구의 불빛이 보이는데도 항구까지는 하룻밤 뱃길이 좋이 되듯이, 동굴 입구의 낯빛이 보이는데도 하루 걸음이 좋이 되는 것 같았다.

먼저 낯빛 아래로 나선 것은, 물론 앞서 나오던 오르페우스였다.

보고 싶은 마음을 오래 누르고 있던 오르페우스는, 아내가 잘 따라 나오는지, 아내 역시 낯빛 아래로 나섰는지 확인하고 싶어 뒤를 돌아다보았다.

아뿔싸.

"돌아다……"

하다 말고, 동굴의 어둠을 다 벗어나지 못했던 에우뤼디케는 오르페우스가 뒤를 돌아다보는 순간 다시 저승으로 떨어졌다.

오르페우스는 황급히 동굴로 들어가 손으로 어둠 속을 더듬었다. 그러나 손끝에 닿는 것은 싸한 바람뿐이었다.

오르페우스는 에우뤼디케와의 슬픈 추억에 잠겨 여자라면 거들떠보지도 않고 살았다. 트라키아 처녀들이 오르페우스의 마음을 사로잡으려고 갖은 수를 다 썼으나 오르페우스는 끄떡도 하지 않았다. 처녀들은 오르페우스의 도도한 태도에 화가 났지만 때가 무르익기를 기다렸다.

그러나 그때가 도무지 무르익을 수가 없다는 것을 안 처녀 하나가 있었다. 포도주의 신을 섬기는 디오뉘소스 축제에 다녀오던 이 처녀는 잔뜩 흥분했던 나머지 오르페우스를 향해 소리를 질렀다.

오르페우스의 슬픔
프랑스 화가 파스칼 아돌프 장 다냥-부브레의 그림.

"저기 우리 여성을 모욕한 사내가 있다!"

처녀는 이러면서 오르페우스를 향해 들고 있던 창을 던졌다.

창은 오르페우스의 수금 소리가 들리는 쪽으로 날아가다가 그만 그 소리에 기가 꺾여 그의 발치에 떨어지고 말았다. 포도주에 취한 처녀들이 이번에는 돌을 던졌다. 처녀들이 던진 돌도 마찬가지였다.

그러자 처녀들은 소리를 질러 오르페우스의 수금 소리가 들리지 못하게 한 뒤에 창을 던졌다. 창에 맞은 오르페우스의 몸은 금방 피로 물들었다.

발광한 처녀들은 오르페우스의 몸을 갈가리 찢고, 머리와 수금은 헤브로스강에다 처넣었다.

오르페우스의 머리와 수금이 슬픈 노래를 부르며 떠내려가자 강의 양 둑도 그 슬픈 노래에 물노래로 화답했다.

무사이 자매들은 막내 칼리오페의 아들인 오르페우스의 죽음을 슬퍼했다. 그들은 갈가리 찢긴 오르페우스의 몸을 수습하여 레이베트라에다 장사 지냈다. 오르페우스의 무덤 위에서 우는 레이베트라 지방 꾀꼬리들의 울음소리는 그리스의 다른 지방 꾀꼬리들 울음소리보다 더 아름답다고 전해진다.

제우스는 오르페우스의 수금을 거두어 별자리로 박아주었다.

오르페우스의 혼령은 다시 저승의 나라로 내려가 사랑하던 에우뤼디케, 꿈에 그리던 아내를 껴안았다. 둘은 지금도 '엘뤼시온', 저승에 있는 저 행복의 들에서 앞서거니 뒤서거니 하면서 걷고 있다.

오르페우스는 앞서가면서 더러 뒤를 돌아보기도 한다. 하지만 둘다 혼령인지라 더 이상은 슬픈 일이 일어나지 않는다.

 자, 뒷날 이렇게 한살이를 끝내게 되는 오르페우스가 아르고 원정대원이 된다. 이제 오르페우스의 손끝에서 무수한 기적이 일어난다.

 세 번째로 유명한 원정대원은 카스토르와 폴뤼데우케스일 것 같다. 이들은 누구인가? 제우스 신의 아들들이다. 이들을 잠시 소개하고 다른 대원들을 불러내어보기로 하자.

 카스토르와 폴뤼데우케스는 레다와 백조 사이에서 태어난 아들들이다. 제우스가 백조로 둔갑, 스파르타 왕비 레다와 사랑을 나눈 것이다. 레다는 때가 되자 알 두 개를 낳게 되는데, 이 알을 깨고 나온 쌍둥이 아들이 바로 카스토르와 폴뤼데우케스다. 전하는 바에 따르면 하나의 알에서는 카스토르와 헬레네 남매가 나왔다고 하는데, 이 헬레네는 바로 트로이아 전쟁의 원인을 제공하는 바로 그 유명한 헬레네다. 또 하나의 알에서는 폴뤼데우케스와 클뤼타임네스트라 남매가 태어났다고 한다. 클뤼타임네스트라는 트로이아 전쟁 때의 그리스 연합군 사령관 아가멤논의 아내가 된다.

 카스토르와 폴뤼데우케스는 그리스인들은 물론 뒷날의 로마인들에게도 큰 사랑을 받았다. 로마 시대 사람들은 이 둘을 통틀어 '게미니 Gemini', 즉 쌍둥이라고 불렀다. 이들은 사후에 하늘의 별자리로 붙박이게 되는데, 이 별자리가 바로 '쌍둥이자리'다. 1960년대에 시작된 미국의 유인 위성 계획 '제미니 플랜'에 이 이름이 붙은 것은 인공위성에 타는 사람 수가 딱 두 사람이었기 때문이다.

이 쌍둥이 형제로부터 유명한 단어 두 마디가 유래한다.

쌍둥이 장군의 휘하에는 '마라토스'라는 부하가 있었다. 쌍둥이 장군이 큰 전쟁에서 군대를 지휘한 적이 있다. 그런데 쌍둥이 장군은, 전쟁에 이기려면 군대 앞에서 스스로 목숨을 끊는 장군이 있어야 한다는 신탁을 받았다. 마라토스는 그 신탁에 따라 한 벌판에서 스스로 목숨을 끊어 쌍둥이 장군의 승리에 결정적으로 이바지했다. 쌍둥

레다와 백조
제우스의 쌍둥이 아들 카스토르와 폴뤼데우케스는 제우스가 백조로 둔갑해 유혹한 스파르타 왕비 레다와의 사이에서 얻은 자식들이다.

4장 영웅들, 배를 띄우다

이 장수는 마라토스가 자결한 벌판을 '마라톤Marathon'이라고 부르게 했다. 마라톤은 페르시아군과의 전쟁 당시 아테나이 진중에서 뜀박질을 제일 잘하던 병사 페이디피테스 덕분에 명소가 된 곳이다. 그가 여기에서 싸우다가 아테나이성까지 달려가,

"기뻐하시오, 우리가 이겼소"

이렇게 외치고는 숨을 거둔 사건으로 인류의 스포츠 역사에 그 이름을 날리게 되는 것이다. 따라서 아테나이 성문에서 마라톤 평야까지의 거리는 42.195킬로미터가 된다.

쌍둥이 장수 때문에 유명해지는 역사적 명소가 또 한 군데 있다.

테세우스와 이 쌍둥이 장수는 앙숙이다. 테세우스가 친구 페이리토스와 함께 이 쌍둥이 장수의 누이 헬레네를 납치한 적이 있기 때문이다. 이 두 납치범은 헬레네를 꽁꽁 숨겨놓고 있었다. 쌍둥이 장수는 납치범들이 누이를 숨긴 곳을 수소문했지만 도저히 찾아낼 수 없었다. 그런데 '아카데모스'라는 사람이 쌍둥이 형제에게 헬레네가 숨겨진 장소를 귀띔해주었다.

누이 헬레네를 되찾은 쌍둥이 형제는 아카데모스의 공을 기려 그의 고향을 '아카데메이아'라고 부르게 했다. '아카데모스의 마을'이라는 뜻이다. 아테나이 근교에 있는 아카데메이아는 철학자 플라톤에 의해 또 한 번 유명해진다. 플라톤은 이곳에다 철학 학교를 세우고는 '아카데메이아'라고 부르게 했다. '학교', '학원'을 뜻하는 영어 단어 '아카데미'는 바로 여기에서 나온 말이다.

카스토르는 거친 말을 길들이는 솜씨가 좋은 것으로 유명했다. 폴

쌍둥이의 누이를 납치하는 테세우스
테세우스와 페이리토스는 쌍둥이 형제 디오스쿠로이의 누이 헬레네를 납치한 적이 있다. 이 사건 때문에 쌍둥이 형제와 테세우스는 앙숙이 되었다. 18세기 이탈리아 화가 조반니 스카이아로의 〈헬레네 납치〉.

뤼데우케스는 권투를 썩 잘했다. 이 둘은 어찌나 우애가 좋았던지 무슨 일을 하건 꼭 함께했다. 아르고 원정대에도 함께 합류한 것은 물론이다. 원정대원 시절, 항해 도중 큰 폭풍이 일었다. 그러자 오르페우스가 사모트라케섬 신들에게 기도하면서 수금을 뜯자 폭풍이 멎으면서 이 형제의 머리 위에 별이 나타났다. 이 일로, 카스토르와 폴뤼데우케스는 뒷날 뱃사람이나, 배로 여행하는 사람들의 수호신이 되었다.

원정이 끝나자 카스토르와 폴뤼데우케스는 이다스와 륀케우스를 상대로 큰 싸움을 벌였다. 이 싸움에서 카스토르가 죽자 폴뤼데우케스는 그 죽음을 몹시 슬퍼한 나머지 아버지 제우스 신에게 자기가 대신 죽을 터이니 카스토르를 살려달라고 간청했다. 제우스는 이 소원의 일부만을 들어주었다. 이 형제가 생명을 번갈아 누리게 한 것이다. 둘 중 하나가 하루를 지하(죽음의 나라)에서 보내면 다음 하루는 천상의 집에서 보내게 한 것이다.

이 둘은 '디오스쿠로이', 즉 '제우스의 아들들'이라는 이름으로 불리면서 신들의 예우를 받기까지 했다. 사람들이 믿기로는 뒷날에도 이 형제는 격전이 벌어지는 전장에 더러 나타나 어느 한쪽 군사를 편든다. 이럴 때마다 그들은 백마를 타고 다니는 것으로 전해진다.

이 둘은 로마 시대에도 변함없이 사랑을 받았다. 로마 시대라면, 이 둘이 세상을 뜨고 천수백 년의 세월이 흐른 뒤다. 하지만 고대 로마의 역사책에는 이 형제가 레길루스 호숫가에서 벌어진 전투(기원전 96년) 때 나타나 로마군을 편들었다는 기록이 보인다. 이 전투가 로마군의 승리로 끝난 뒤 로마인들은 형제가 모습을 나타내었던 곳에다 형제의 신전을 세웠다고 전해지고 있다.

고대 그리스 시인 시모니데스가 스코파스왕의 궁전에 머물 때의 일이다. 왕은 시모니데스에게 자기 위업을 찬양하는 시를 써서 술자리에서 낭독해달라고 부탁했다. 시모니데스는 신들에 대한 믿음이 지극한 사람이었다. 그는 시를 다채롭게 할 생각으로 이 시에다 쌍둥이 형제의 위업을 인용했다. 이것은 다른 시인들도 곧잘 쓰는 기법이어서 그렇게 희한할 리도 없었다. 여느 사람 같으면 이 쌍둥이와 나란히 칭송을 받으면 크게 영광스러워했을 터였다. 그런데 허영심이란 역시 끝이 없는 것인 모양이다. 스코파스왕은 쌍둥이 형제에 대한 칭송을 좋지 않게 여겼다. 쌍둥이 형제가 자기 이상으로 칭송을 받는 것이 퍽 언짢았다. 그래서 시모니데스가 약속한 보수를 받으러 가까이 가자 스코파스는 약속했던 금액의 반만 주면서 이렇게 말했다.

"자, 그대 시에 나오는 내 이름의 몫이다. 쌍둥이 형제의 이름 몫은 쌍둥이 형제로부터 받아야 하지 않겠는가."

당혹한 시인은 왕의 시시껄렁한 재담 끝에 쏟아지는 웃음소리에

베르사유 라톤 공원의 디오스쿠로이
프랑스 조각가 앙투안 쿠아즈보의 작품.

얼굴을 붉히며 제자리로 돌아왔다. 조금 뒤, 왕의 부하가 시모니데스에게 다가와, 밖에 말을 탄 두 젊은이가 잠깐 뵙고 싶어 한다는 소식을 전했다.

시모니데스는 급히 밖으로 나가보았으나 와 있다던 두 젊은이는 보이지 않았다. 그러나 그가 술자리를 빠져나간 직후였다. 왕궁의 지붕이 굉음과 함께 내려앉았다. 스코파스왕과 잔치에 온 손님 전부가 그 지붕에 깔려 죽었다. 자기를 불러낸 두 젊은이가 대체 누굴까 하고 곰곰이 생각하던 시모니데스는 틀림없이 카스토르와 폴뤼데우케스의 유령이라고 굳게 믿었다. 쌍둥이 형제는 이렇듯이 오랜 세월 많은 사람의 사랑을 받았다.

아르고스는, 원정대가 50명으로 짜일 것이나 그 대원 하나하나가 일당백의 범 같은 장수들이어서 그 크기와 무게 또한 엄장할 것인즉 유념하고 배를 지으라는 이아손의 말에 따라 배를 지어놓고도, 모여든 장수들의 면면을 보고는 벌린 입을 다물지 못했다.

50명의 원정대는 하나의 '미크로코스모스(소우주)'를 상기시킨다. 이아손이 이 미크로코스모스를 짜고, 배 지을 뜻을 세운 선견자^{先見者}라면, 아르고스는 그 뜻에 따라 미크로코스모스가 깃들일 그릇을 마련한, 천궁으로 말하면 헤파이스토스에 견줄 수 있는 섭리의 집행자다.

날개가 달려 있어서 하루에 1천 리를 날 수 있고 하루에 5백 리를 걸을 수 있는 저 보레아스(북풍)의 두 아들 칼라이스와 제토스는 이 선견자가 보고 집행자가 빚은 미크로코스모스의 두 다리이고, 아틀라스를 대신해서 하늘 축을 들고 서 있을 수 있는 천하장사 헤라클레스와, 말을 타고 걷는 것보다 둘러메고 걷는 쪽이 편하다는 스파르타의 역사力士 폴뤼데우케스는 이 미크로코스모스의 두 팔이며, 새 우는 소리에서 모이라이(운명)의 발소리를 듣는 예언자 몹소스와 뱃전을 때리는 파도 소리로 뱃길을 짐작하는 암피아라오스는 이 미크로코스모스의 두 귀고, 90리 밖에 있는 작대기가 참나무 작대기인지 소나무 작대기인지 알아보는 천리안의 망꾼 륀케우스와 밤에 보아둔 별자리로 낮의 뱃길을 짐작하는 천부적인 뱃사람 나우폴리오스는 이 미크로코스모스의 두 눈이다.

그뿐만이 아니다. 여기에는 노래와 수금 가락으로 저승 왕 하데스를 울리고, 영원히 도는 익시온의 불바퀴를 멈추게 했던 트라키아의 명가수 오르페우스도 있고, 배를 몰고 산모롱이를 돌아가되 노수櫓手로 하여금 노 끝으로 산자락 꽃을 어루만지게 할 수 있는 보이오티아 최고의 키잡이 티퓌스도 있으며, 포세이돈의 아들이자 둔갑의 도사인 페리클뤼메노스도 있고 물고기를 잡아먹으면서 헤엄친다는 수영의 명수 에우페모스도 있었다. 무소불위無所不爲의 신인이나 영웅만 있는 것도 아니었다. 여기에는 신들에게 비는 인간을 썩어가는 인간이라고 믿는 참람한 인간 이다스도 있었고, 남자의 사랑을 받는 일을 세상에서 가장 수치스러운 일로 여기는 여걸 아탈란테도 있었으며, 신들에게 빌지 않는 인간을 오만한 짐승이라고 믿는 이피노스도 있었고, 동성同性인 헤라클레스를 하늘로 알고 떠받드는 나약한 미소년 휠라스도 있었다.

 더 있었다. 칼뤼돈의 멧돼지를 잡은 호걸 멜레아그로스도 있었고, 후일 트로이아 전쟁의 명장 아킬레우스의 아버지가 되는 펠레우스도 있었고, 헤라클레스 덕분에 죽은 아내를 되살리는 아드메토스도 있었고, 테세우스와 함께 명계로 내려가 저승 왕에게 아내를 내어놓으라고 했던 페이리토스도 있었다.

 혹자는 영웅 테세우스도 이 배를 탔고, 의성醫聖 아스클레피오스도 이 배를 탔다고 주장한다. 그러나 헬라스 각 도시국가에서 원

멧돼지를 사냥하는 멜레아그로스
칼뤼돈의 멧돼지 사냥에는 아르고 원정에 참가한 영웅들 중 다수가 모였다. 멜레아그로스 뒤에서 손에 활을 든 아탈란테가 멧돼지의 최후를 지켜보고 있다. 『탱글우드 이야기』의 삽화.

정에 참가했다고 주장하는 영웅들도 모두 원정대원으로 믿어준다면 그 수는 수백에 이를 만하다. 테세우스가 동승했다는 말은 단짝인 페이리토스의 동승을 곡해한 말일 것이고, 아스클레피오스가 동승했다는 말은 이아손(고치는 자)이 의술에 능한 것을 모르는 사람들이 잘못 전한 말이기 쉽다. 요컨대 헬라스의 여러 도시국가 백성들은 저마다 제 조상이 이 시절의 원정대원이었다고 주장한다. 이러한 주장은 원정대원 대부분이 그 고향인 도성의 이름을 빛낸 걸출한 영웅들이었음을 반증한다.

이아손의 통기를 받고 당대 헬라스의 영웅호걸들이 파가사이로 모여든 것은, 배 짓는 명장名匠 아르고스가 이물 앞대가리에다 '말하는 헤라 여신상'을 세운 직후의 일이다. 이 '말하는 여신상'이 있었기 때문에 이 배는 더러 '말하는 배'라고도 불린다.

온 헬라스 땅의 신인과 영웅을 고스란히 태우고 나갈 이 배가 진수되기 전날, 이 배의 이름을 지은 사람은 저 트라키아의 즉흥시인 오르페우스다. 오르페우스는 이 배를 지은 명장이 아르고스 사람 아르고스인 것과, 이 배에 대한 원정대원들의 소망과, 이 배의 맵시 및 특장特長에 두루 유념하여,

"아이손의 아들 이아손의 뜻을 받아
명장 아르고스가 살같이 빠른 배를 지었으니
우리가 함께 이 배를 이름하여
'아르고快速'라 하리라"

아테나 여신의 가호를 받는 아르고선
작자 미상, 17세기 초 피렌체에서 제작된 동판화.

이렇듯 절묘하게 맞추어 노래하니, 이때부터 이 배는 '아르고선', 즉 '쾌속선'이라고 불린다. 우리도 지금부터는, 여러 명의 '아르고나우테스(아르고 원정대원)'로 이루어진 이 원정대원들을 '아르고나우타이(아르고 일당)', 즉 '아르고 원정대원들'이라고 부르기로 하자.

  이 원정대가 하나의 미크로코스모스를 상기시킨다면, 이 동아리의 운명은 어떨까? 이들의 운명 또한 인간의 운명과 흡사할 것인가? 그것은 우리가 두고 보아야 할 일이다.

항해는 시작되었다

 진수식 전날 이아손은 아르고나우타이를 한자리에 모으고 헤라클레스를 지목하여 이렇게 말했다.
 "티륀스 사람이라고도 하고, 테바이 사람이라고도 하고, 뮈케나이 사람이라고도 하는 '헤라클레스 칼리니코스(빛나는 승리자 헤라클레스)'를 모르시는 이 없겠지요. 티륀스의 왕통을 이을 분이, 테바이에서 장성하시어 뮈케나이 왕의 고난을 받으시는 헤라클레스가 여기에 있습니다. 콜키스로 가서 금양모피를 수습해 오는 것은 나의 일이나, 나는 여러 장군이 너무 무거워 거느릴 수 없으니 바라건대 헤라클레스를 아르고나우타이의 대장으로 앞세우게 하여주시오."
 이아손의 말이 끝나기가 무섭게 헤라클레스가 그답지 않게 이치를 따지면서 말했다.
 "그것은 그대가 모르고 하는 말이다. 우리 가운데 금양모피에 관심을 보이는 자가 그대 말고 또 누가 있는가? 우리는 그대의 금양모피를 구실로 이렇게 한자리에 모인 것에 지나지 않는다. 우리는 그대를 돕는다는 핑계로 서로 흉금을 열어 사귀고, 함께 마시고 함께 싸울 뿐이다. 금양모피가 필요한 것은 그대다. 따라서 그대 아니고는 어느 누구도 아르고나우타이의 대장이 되지 못한다. 그대는 금양모피가 없어서 왕위에 오르지 못하는가? 그러면 바람같이 빠른 저 보레아스의 두 아들 칼라이스와 제토스를 콜키스로 보내어 금양모피를 가져오게 하면 된다. 콜키스 왕의 군사가 두려운가? 그러면 저 도둑질의 명수이신 아우톨뤼코스를 보내어 훔쳐 오게 하면 된다. 그대가 펠리아스가 두려워서, 기어이 금양모피를 얻어 와야 할 것 같아서 우리더러 함께 가자고 청했는가? 나와 폴뤼데우케스가 달려가 그대의 숙부 펠리아스를 대전의 대리석 바닥에다 패대기를 치랴?

아니다. 우리가 그대를 핑계 삼아 이렇게 모였듯이, 그대도 금양모피를 핑계 삼아 어른이 되고자 하는 것일 뿐이다. 그러니 우리가 그대 밑에 이렇게 모인 까닭을 바로 알고 다시는 그런 말은 입 밖에 내지 말기 바란다."

헤라클레스의 말뚝을 박는 듯한 이 말에 더하기 빼기를 하는 자는 하나도 없었다.

후세 사람들은 헤라클레스의 모험과 이아손의 모험을 뚜렷하게 구분해서 말한다. 즉 헤라클레스는 열두 가지 난사를 치르면서 인간의 영역과 신들의 영역을 무시로 넘나들었지만 이아손의 모험은 때가 되면 죽어야 하는 팔자를 타고 태어난 인간들이 모여 사는, 인간 세계의 틀을 넘지 않았다는 것이다.

아르고나우타이는 그날 밤 파가사이 해안, 진수를 기다리는 아르고선 옆 모래밭에서 먼저 하늘땅 일을 주관하는 제우스 대신에게 제사를 지냈다. 다음에는 원정대장 이아손을 각별히 사랑하는 헤라 여신, 항해를 돌보는 아테나 여신, 풍랑을 주장하는 해신 포세이돈, 그리고 출항을 돌보는 '아폴론 엠바시오스(출항을 돌보는 아폴론)'에게 차례로 제사한 뒤 술과 고기를 음복飮福했다.

반백 명이나 되는 헬라스 땅의 영웅호걸이 한자리에 모여 있다. 이것만으로도 파가사이의 술과 고기가 바닥날 이유로는 충분하다. 그런데도 이들은 날이 밝으면 돌아올 기약 없는 먼 뱃길을 떠나야 한다. 달도 밝다. 오르페우스는 수금을 뜯으며 애간장 녹이는 노래를 불러 원정대원들의 속을 뒤집어놓는다. 점쟁이 몹소스는 뒷전에서 실없는 점괘로 이름난 영웅들을 희롱하다가 둔갑 도사 페리클뤼메

아르고 원정대원들
헬라스의 한다하는 영웅호걸이 한자리에 모였으니, 그것만으로도 사건이 아닐 수 없다. 기원전 5세기의 그리스 도기.

노스가 생쥐로 둔갑하고는 다리를 기어오르는 바람에 기겁을 하고는 바닷물 속으로 뛰어든다.

　술과 고기가 모자라지 않을 리 없으나 대원들 모두가 걱정해야 할 일은 아니었다. 펠리온산에는 이올코스의 소 떼가 얼마든지 있었고 북풍의 아들 형제는 그 빠른 발로 달려가 소를 끌어와 스파르타의 권투장이 폴뤼데우케스 앞에 세웠다. 폴뤼데우케스가 주먹으로 때려 죽인 소는 곧 안주로 구워져 나왔다. 파가사이의 술 항아리가 다 비지 않았을 리 없지만 대원들 모두가 걱정해야 할 일은 아니었다. 크레타에서 온 주신酒神 디오뉘소스의 아들 팔레로스가 걱정을 맡아 했기 때문이었다.

　아르고나우타이는, 달이 펠리온산의 서쪽 사면으로 넘어가고 에오스(새벽) 여신이 먼동을 트게 할 때까지 먹고 마셨다. 새벽녘에나마 잠시 눈을 붙인 대원은 저 여걸 아탈란테와 미소년 휠라스뿐이었다. 아르고선 뱃전의, 저 도도네 참나무로 깎아 만든 헤라 여신상이,
"배를 바다에 띄우겠느냐, 술에다 띄우겠느냐"
이렇게 속삭이지 않았더라면 이들은 아르고선을 진수시키는 것도 잊고 마셨으리라.

　'아르고선'은 저 히브리 사람 노아가 만들어 띄운 방주方舟, 지금은 '아르크'라고 불리는 배를 상기시킨다고 한 사람이 있다. 이 사람은 노아가 40일 뒤에 시험 삼아 날려 보내는 새도 비둘기였고, 새소리로 운명의 발소리를 듣는다는 점쟁이 몹소스가 이 '아르고선'에 싣는 새 역시 비둘기인데 이것이 어찌 우연의 일치일 수 있겠느

예언자 몹소스
몹소스는 새소리를 듣고 앞날을 점치는
능력을 지녔다.

냐, '아르고선' 이야기는 '노아의 방주' 이야기를, 혹은 '노아의 방주' 이야기는 '아르고선' 이야기를 살짝 몸 바꾸기한 것에 지나지 않는 게 아니냐고 묻는다. 우리는 오래지 않아 몹소스가 아르고선에서 날려 보내는 비둘기를 보게 되겠지만, 여기에서 방주 이야기를 하는 목적은 위의 시비를 가리는 데 있지 않다. 그저 그렇다는 것일 뿐이다.

아르고선이 진수될 때 배 위에 올라가 있는 사람은 대장 이아손, 키잡이 티퓌스, 그리고 수금을 안은 앞소리꾼 오르페우스뿐이었던 것으로 전해진다. 나머지 대원들은 일렬 횡대로 놓인 펠리온 산 통나무 위로 아르고선을 밀었던 것이다.

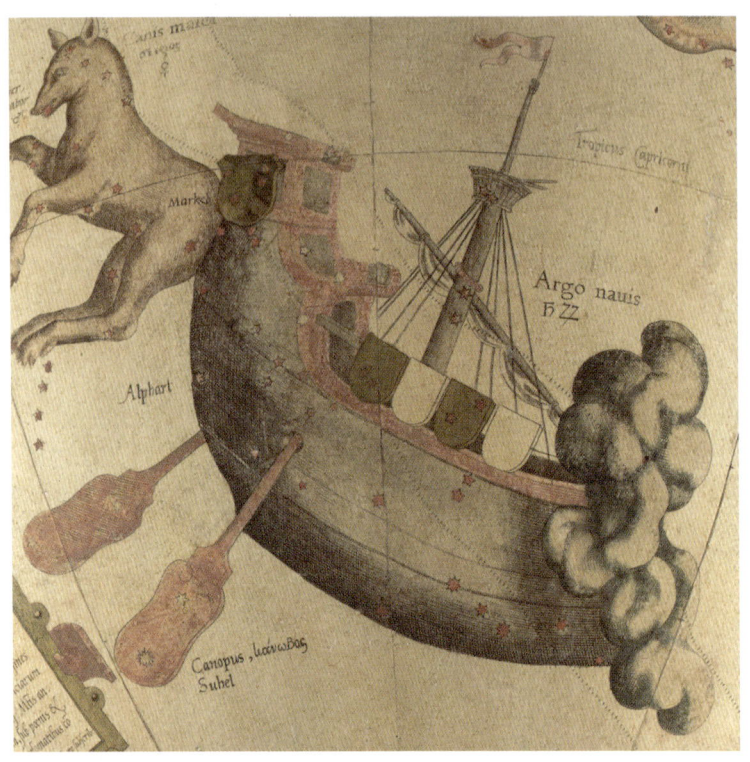

고대 별자리인 아르고자리
네덜란드의 지리학자 헤르하르뒤스 메르카토르의 지도 그림.

 이윽고 대원들이 하나씩 아르고선에 오르기 시작했다. 마지막으로 헤라클레스가 오르자 아르고선은 이 영웅의 산 같은 무게에 크게 비명을 질렀다고 한다. 헤라클레스가 천궁天宮으로 올랐을 때, 하늘 축 짊어지고 있던 저 아틀라스가 그랬듯이.
 뱃길 잘 헤아리는 아르고스 사람 나우폴리오스가 월계수 껍질을 꼬아 만든 돛줄을 풀자 돛이 오르면서 바람을 한아름 안았다.

오르페우스는 수금을 뜯으며,

"제우스 대신이여, 대신께서 던지시는 벼락처럼 이 배 역시 그만한 빠르기로, 한 치 틀림없이 콜키스에 닿게 하소서"

이렇게 빌었다.

그러나 오르페우스가 빈 대로는 되지 않았지만, 해안의 암초 사이를 미끄러지는 아르고선의 빠르기는, 아폴론의 시위를 떠난 화살의 빠르기에 그럭저럭 비길 만했다.

5장
렘노스섬의 여인들

GREEK
AND
ROMAN
MYTHOLOGY

아프로디테가 준 상과 벌

 열흘 동안이나 그렇게 달리던 배가 열하루째 되는 날부터는 술 취한 사람 걸음 걷듯 했다. 바람은 뒤에서 제대로 불어주는데 자꾸만 물결이 뱃전을 뒤로 밀고 있었기 때문이었다.
 점쟁이 몹소스는,
"팔자 센 것들이 사는 섬이 멀지 않은 곳에 있는 모양이다"
이렇게 아는 소리를 했고, 뱃길 짐작이 용한 나우폴리오스는,
"이 물결은 섬을 때리고 돌아오는 물결이니 그 말이 그 말이기는 하나, 팔자 센 것들이 사는 섬이라는 말은 실없다"
했다.
 날이 밝은 뒤에 보니 과연 멀지 않은 곳에 온통 바위 병풍으로 둘러싸인 섬이 있었다. 옛날 제우스 대신의 발길에 채어 헤파이스토스가 떨어졌던 렘노스섬이었다.
 키잡이 티퓌스가 아르고선을 바위가 좀 덜한 해변에 접안시키자 아르고나우타이가 하나씩 섬으로 내려서는데, 멀리 바위 뒤에서 방

헤파이스토스의 대장간
제우스의 도움 없이 헤라 혼자 낳은 아들 헤파이스토스는 제우스의 발길질에 렘노스섬으로 떨어져 절름발이가 되었다. 월계관을 쓴 아폴론이 헤파이스토스의 대장간에 들렀다. 17세기 스페인 화가 디에고 벨라스케스의 그림.

패와 창, 칼로 무장한 군사들이 우르르 몰려나왔다.

"여자들이 아닌가."

천리안의 망꾼 륀케우스가 지척에 있는 듯이 보고 이아손에게 말했다. 이아손이 헤라클레스에게 물었다.

"아마존의 나라는 '에욱세이노스(적대하는 바다, 흑해)' 연안국이라고 들었는데, 저희가 벌써 에욱세이노스에 이르렀습니까?"

"륀케우스, 잘 보게. '아마존(젖이 없는 여인들)'에겐 한쪽 젖이 없네."

헤라클레스의 말에 륀케우스가 손으로 아침 햇살을 가리고 그쪽을 응시했다.

"양쪽 다 있는데요? 큰 것도 있고 작은 것도 있고, 늘어진 것도 있고 짝젖도 있고……."

"실없는 소리, 그만두게."

헤라클레스가 던지듯이 말하고 바위에 털썩 주저앉았다. 이아손이 미소년 휠라스의 손에서 창과 방패를 받아 들었다.

"여자들을 창과 방패로 맞을 셈인가. 창피하게."

헤라클레스의 말에, 이아손은 무추룸해하다가 창과 방패를 다시 휠라스에게 돌려주었다.

1백여 명의 여인 군사가 방패를 앞세우고 대형을 이룬 채 아르고나우타이 쪽으로 다가왔다. 대형은 역삼각꼴인데, 그 정점, 그러니까 앞서서 군사를 이끌고 있는 여자는 멀리서도 눈에 띄게 아름다웠다.

그런데 칼뤼돈의 왕자이자, 냄새에 민감한 사냥꾼 멜레아그로스가 코를 싸쥐고 돌아서면서 우는 소리를 내었다.

"이게 무슨 냄새냐. 나는 이런 짐승 냄새는 맡아본 적이 없다."

냄새가 다른 대원들에게도 미쳤는지 그들 역시 차례로 코를 싸쥐었다. 유일한 여대원인 여걸 아탈란테만 아무렇지도 않은 듯이 서 있었던 걸 보면 그게 달거리月經 냄새가 아니었나 싶다.

점쟁이 몹소스가 그제야 한 손으로 무릎을 치며 '페이리토스(걸어서 다니는 자)'에게 물었다.

"자네는 걸어다니며 세상 소문 많이 들었으니 알 것이네. '렘노스의 아테禍'라는 말, 들어보았는가? 아프로디테의 저주를 받아 렘노스 여자는 모두 고약한 냄새를 풍긴다고 들었네. 그렇다면 여기가 바로 렘노스섬이 아닌가?"

"그렇다면 우리가 큰일이오."

페이리토스가 코를 싸쥔 채로 이렇게 응수했다.

이윽고 여인 군사의 우두머리가, 팔매질 잘하는 사람이 돌을 던지면 맞을 만한 곳까지 다가왔다. 다른 대원들은 모두 창을 고쳐 잡았지만 헤라클레스는 바위에 걸터앉은 채로 무심한 얼굴로 바다만 내려다보고 있었다.

여자 군사의 우두머리가 그 아름다운 용모에 어울리게 아름다운 소리로 물었다.

"어디서 와서, 무엇을 하러 다니는 패거리냐? 바른대로 대지 않으면 살아 나가지 못할 것이요, 바른대로 대어도 살아 나가지 못할 것이다."

헤라클레스가 여자 군사 우두머리를 힐끗 보고 다시 바다 쪽으로 눈길을 돌리며 중얼거렸다.

"별것이 다 있군. 반듯하게 생긴 것인데도 불구하고 용기가 있어. 좀처럼 없는 일인데……."

맞붙어 싸우기로 들면, 1백 명이든 2백 명이든 아르고나우타이에게는 그게 그것이었다. 그러나 아무도 나서지 않았다. 저쪽 우두머리의 불손한 말을 욕지거리로 마중하는 대원도 없었다.

"묻지 않으니 가르쳐주리라. 죽어 저승에 가서, 저승의 판관 라다만튀스가 묻거든 렘노스 여왕 휩시퓔레(높은 문) 손에 죽었다고 하

렘노스의 여인들
아프로디테의 저주를 받았다지만, 그림 속 섬의 풍경은 아름답고 평화로워 보인다. 중앙의 사내는 천궁에서 떨어진 헤파이스토스라고 한다. 15~16세기 이탈리아 화가 피에로 디 코시모의 그림.

여라. 저기 있는 늙은것을 먼저 죽이고 그다음은 늙지도 젊지도 않은 것들, 그리고 저쪽에 있는 젊은것은 나중에 죽이리라."

휩시퓔레 여왕이라는 자가 연하여 소리쳤지만 아르고나우타이는 여전히 묵묵부답이었다. 고향을 떠난 지 여러 달, 아르고선을 타고 파가사이 항구를 떠난 지 열이틀……. 이들에게는 우르르 달려가 여인 군사를 때려 죽이고 싶은 마음도 있었지만, 그보다는 배

꼼 밑에 무엇이 있는지 알아보고 싶은 마음도 없지 않았기 때문이다. 문제는 냄새였다. 아르고나우타이는 냄새의 정체를 궁금하게 여기느라고 창을 던지지도 손을 내밀지도 못하는 참이었다.

휩시퓔레가 '젊은것'이라고 부른 대원은 헤라클레스와 함께 온 휠라스였고, '늙은것'이라고 부른 대원은 밀레토스 사람 에르기노스였다.

그런데 이 에르기노스는 늙은이가 아니라, 머리만 하얗게 센 새파란 젊은이였다. 말놀이 좋아하는 오르페우스는 에르기노스를 보고, "목 아래로는 제대로 나이를 먹는데 목 위로는 거꾸로 나이를 지워나가는구나"
이렇게 놀린 적도 있었다.

당대의 영웅들이 계집 사람 하나 앞에서 수모를 당하고 있는 걸 보고는 이아손이 지독한 냄새를 무릅쓰고 휩시퓔레 앞으로 나아가, "어째서 우리를 죽이려 하오? 어째서 이 섬에는 남자는 보이지 않고 무장한 여인네만 있소?"
하고 물었다.

"그대 코는 냄새도 맡지 못하느냐? 어째서 가까이 오느냐?"
휩시퓔레가 창을 꼬나잡으며 을러메었다.

"내 이름은 이아손(고치는 자)이오. 내 이름이 '이아손'인 것은, 내 스승이 저 현명한 켄타우로스 케이론이기 때문이오. 저 의성 아스클레피오스가 케이론의 문하(門下)라는 소문이 이 섬까지 훤전(喧傳)되었을 것이오. 어째서 남정네는 보이지 않으며, 어째서 연약한 계집 사람들이 우리를 죽이려 하시오? 우리 일행 중에는 헤라클레스도 있고 폴뤼

아탈란테

빼어난 미모를 지닌 여걸 아탈란테는 결혼을 피해야 한다는 신탁을 받고 자신에게 구혼하는 청년들을 물리치기 위해 목숨을 건 달리기 시합을 겨룬 적이 있다.

데우케스, 카스토르, 멜레아그로스, 아탈란테도 있소. 그대들이 죽이려 해도 죽지 않겠지만, 내가 알고자 하는 것은 그 내력이오."

'헤라클레스'라는 이름의 울림이 예사롭지 않았던 모양이었다. 휩시퓔레는 군사를 처음 매복해 있던 바위 뒤로 물리고 마실 물을 싣고 떠나라면서 자신도 모습을 감추었다.

이아손은 빈손으로 하릴없이 대원들 있는 곳으로 돌아왔다. 모르는 것이 없는 점쟁이 몹소스가 말하는 휩시퓔레의 내력은 이러했다.

토아스왕이 다스리던 시절, 한 렘노스 처녀가 재물 많은 노인과 혼인했는데, 이 처녀는 첫날밤을 지내보고야 노인이 사내 구실을 하지 못한다는 걸 알고는 그만 죽여버렸다. 애욕의 여신 아프로디테가 이 일을 알고 크게 노하여 렘노스섬에다 '렘노스의 아테'라는 것을 보내었다. '화禍'의 여신 아테가 내린 날부터 렘노스의 여자라는 여자의 몸에서는 모조리 고약한 냄새가 풍기기 시작했다. 이상한 것은, 고약한 냄새는 고약한 냄새이지만 여자들은 맡을 수가 없고, 남자들만 이 냄새를 견디지 못한다는 것이었다.

여자를 '아는' 남자들은 렘노스 여자들을 피해 다니다 하나 남김없이 트라키아로 도망쳤다. 렘노스에 남아 있는 남자는 뱃길을 견딜 기력이 없는 노인들과, 아직은 여자를 '모르는' 사내아이들뿐이었다.

렘노스 여자들은 풍문에 아마존 이야기는 들은 것이 있어서 섬을 아마존의 나라 비슷하게 만들 생각을 하고 먼저 노인들을 모두 죽인 뒤에 사내아이들까지 모조리 죽였다.

그런데 이 중에 음덕을 쌓은 여자가 딱 하나 있었다. 토아스왕의 딸 휩시퓔레가 바로 그 여자였다. 휩시퓔레는, 아크리시오스가 페르세우스 모자를 그렇게 했듯이, 은밀히 아버지를 궤짝에 가두어 바다에 띄워 보낸 것이다. '토아스'라는 이름 뜻이 '떠다니는 자'인 것을 보면, 어차피 토아스의 팔자가 그랬던 모양이다.

몹소스는 이 이야기 끝에 이렇게 덧붙였다.

"우리가 이 섬에 이른 것을 보면 휩시퓔레가 제 아비 살린 음덕을 나누어 입게 될 모양이오. 내가 이 섬에 오르면서 점괘를 뽑아보니 쉽게는 떠나게 될 것 같지 않습니다."

무엇에 심사가 뒤틀렸는지 돌아앉아 한숨만 쉬고 있던 헤라클레스가 예의 그 쥐어박는 듯한 투로 말했다.

"어디를 가나 계집이 말썽이군. 계집은 사자 터럭에 스는 이(蝨) 같다고 한 게 누구던가."

"헤라클레스 장사께서는 이 때문에 곤욕을 단단히 치른 적이 있는 사자인 게로군요."

몹소스의 말에 헤라클레스가 소리를 낮추어 말했다.

"마누라 때려 죽인 죄를 닦으러 다니는 사내의 풍신을 보고 싶거든 나를 봐……. 계집이 귀찮으면 이놈의 섬을 떠나면 그만이지만 이아손의 눈빛을 보면 그게 그렇지 않은 것 같군. 하면 어쩌나. 저 휩시퓔레에게 덕을 베풀어 적공(積功)을 하는 수밖에. 눈 질끈 감

헤라클레스 조각상
몽둥이와 사자 가죽을 든 전형적인 헤라클레스의 모습인 동시에 가장 유명한 헤라클레스 조각상 중 하나다.

고 이 섬을 떠날 수 없다면, 이아손, 내 시키는 대로 하게. 냄새가 나더라도 꾹 참고 휩시퓔레라는 계집을 품어 자네도 복을 한번 짓게. 나머지 대원들에게도 하나씩 나누어주고……. 내 보니까 두셋씩 차지하더라도 계집이 남게 생겼더구먼."

이아손은 몹소스와 헤라클레스의 말을 옳게 여겨 그날 밤, 상륙하면서 보아둔 뮈트로스 나뭇가지를 하나 꺾어 들고 휩시퓔레가 진 치고 있는 동굴을 찾아갔다. 아테나 여신의 신목神木인 올리브 가지가 '화해의 징표'라면 아프로디테 여신의 신목인 뮈트로스 가지는 아프로디테의 신격神格에 걸맞은 상징적 의미를 지닌다.

휩시퓔레를 비롯한 렘노스 여자들이 지아비로부터 버림을 받고, 섬의 불알 달린 것을 모조리 죽인 것은, 몸에서 나는 냄새 때문에 남자들의 구박을 받았기 때문이지 마음 바닥으로 남자를 혐오하고 증오했기 때문은 아니다. 따라서 렘노스 여자들은 언감생심이기는 하지만 냄새를 참고 품어주겠다는 남자가 있으면 '불감청고소원不敢請固所願(마음속으로는 간절하지만 감히 청하지 못함)'이라고 할 만큼 아프로디테의 성열性悅을 아는 여자들이다.

이아손이 뮈트로스 가지를 앞세우고 나타나자 휩시퓔레(높은 문)는, 겉으로는 오래 객고에 시달린 뱃사람들을 어쩔 수 없어서 어여뻐 여긴다는 모양을 꾸미면서도 속으로는 그지없이 흥감한 마음으로 그 높은 문의 문턱을 조금 낮추었다. 조금 낮추었기는 했지만 그래도 휩시퓔레의 문은 여전히 높았다.

"그대가 그런다고, 하룻밤 사랑으로 렘노스의 수호신이 돌아올까요? 부질없는 짓이니 가던 길이나 마저 가세요. 영원히 잡아두고 렘노스를 번성케 할 수 없는 바에, 이 휩시퓔레가 그대에게 몸을 맡기기에는 렘노스 여인들이 너무 가련합니다."

이아손은 아프로디테의 계시라도 받은 듯이, 사랑을 앞세운 거짓 맹세도 마다하지 않았다.

"나는 금양모피를 취하려고 헬라스의 영웅을 모두 모아 콜키스로 가는 사람입니다. 렘노스를 번성케 하는 것이 그대의 소망이라면 금양모피는 콜키스에 그대로 있게 하고, 나 이아손은 여기 렘노스에 영원히 있게 하겠습니다."

이 거짓 맹세가 아프로디테 여신의 보증을 얻었던 모양인지 휩시퓔레는 마침내 문턱을 더 낮추고 이아손 앞에다 문을 열었다.

그런데 사랑에 공을 들이느라고 이들의 몸에 흥건히 배어 있던 감미로운 땀이 채 식기도 전에 참으로 이상한 일이 일어났다. 휩시퓔레의 몸에서 나던 그 수상한 냄새가 뮈트로스 향내로 바뀐 것이다.

휩시퓔레가 동굴에서 나와 신민들인 여인 군사들의 동굴을 향해, "카베이로이가 돌아왔다. 우리 섬을 떠났던 카베이로이가 이제 다시 돌아왔다"
하고 외쳤다.

'카베이로이'는 렘노스의 화가 내리던 날 그 섬을 떠나버린 렘노스의 수호신이었다.

여인 군사들의 동굴에서도 뮈트로스 향내가 은은하게 풍겨 나오기 시작했다. 그뿐만이 아니었다. 비었던 여인 군사의 물 항아리에는 포도주가 괴기 시작했고 바닷바람에 시달려 푸르죽죽하던 여인 군사들의 얼굴에 홍조가 오르기 시작했다.

렘노스 여인들 몸에서 나는 뮈트로스의 향내는 아르고나우타이를 견딜 수 없게 했고, 삼삼오오 달빛을 받으며 올라와 동굴 앞을 서성거리는 아르고나우타이의 불거진 힘살이 렘노스 여인들을 견딜 수 없게 했다. 이날 밤 참으로 오래간만에 렘노스섬은 뮈트로스 향내와 아프로디테의 엑스타티코스(열락)에 들어 미어지듯이 새어나오는 신음 소리와 감미로운 땀 냄새와 여인네들의 웃음소리, 사내들의 내숭스러운 속삭임으로 낭자했다.

아르고나우타이 중 이날 밤에 렘노스 여자를 사랑하지 않은 대원은 헤라클레스와 소년 휠라스와 여걸 아탈란테뿐이었다.

렘노스섬의 기적은 아르고나우타이로 하여금 가야 할 뱃길을 잊게 할 수 있을 만큼 그들의 몸과 마음에 차고 넘쳤다. 파가사이항을 떠날 때의 맹세도 하릴없이, 대원들은 하루가 멀다 하고 렘노스 여자들을 바꾸어 품어, 오로지 그럴 목적으로 아르고선을 타고 온 사람들처럼 렘노스 여자들에게 자식을 끼쳤다.

어느 날 보다 못한 헤라클레스가 대원들을 불러 모아놓고 호되게 꾸짖었다.

"창피하지도 않은가? 렘노스 여자들을 버려두고 이 섬을 떠나지 않은 것은 잘한 일이다. 그러나 렘노스 여인네들이 배가 불러오는데도 떠날 생각들을 하지 않다니, 창피하지 않은가? 내가 이 렘노스로 오려고 머나먼 뮈케나이에서 파가사이까지 왔던가?

팔레로스여, 그대는 렘노스인의 대가 끊기는 것이 안타까워 씨보리 자루 노릇 하려고 그 먼 크레타에서 올라왔던가? 애늙은이 에르기노스여, 그대는 렘노스 계집의 몸에서 나는 뮈트로스 향내나 맡으려고 저 머나먼 소아시아의 밀레토스에서 여기까지 왔던가?

폴뤼데우케스여, 카스토르여, 그대들 팔 힘이 아깝구나. 칼라이스여, 제토스여, 그대들 날개가 창피하구나. 륀케우스여, 천리를 보는 그대 눈이 아깝고, 티퓌스여, 아르고선의 타륜(舵輪)이 불쌍하구나. 이렇게 말하는 나도 그대들처럼 저 콜키스 땅을 잊을 때가 있을 것이나 내 눈을 찌를 가시가 '엑스타티코스(열락)'는 아닐 것이다."

아르고나우타이는 헤라클레스의 말에 그제야 정신을 차리고 손가락을 꼽아 렘노스에서 흘려보낸 세월을 세어보기 시작했다. 여인네들의 배가 불러오고 있다는 헤라클레스의 말은 거짓이 아니었다.

바로 그다음 날 아르고선은 렘노스를 떠났다. 옛이야기에 따르면, 이아손을 비롯한 아르고나우타이는 휩시퓔레를 비롯, 울며 애원하는 렘노스 여자들에게, 돌아오는 길에 꼭 렘노스에 들러 사랑을 입은 여자는 모두 정실로 맞겠다는 거짓 약속을 한 연후에야 식수와 양식과 승선 허락을 얻었다고 전한다.

아르고선이 렘노스 해안을 떠난 뒤, 손을 흔드는 렘노스 여자들을 바라보면서 헤라클레스가 이아손에게 말했다. 그로부터 오래지 않아 여자 때문에 화장단 위에서 육신을 사르게 되는 헤라클레스가 말

아들을 죽이는 헤라클레스
헤라의 미움을 받은 헤라클레스는 광기에 사로잡혀 아들과 조카, 아내 메가라까지 자기 손으로 죽였다. 그리고 그 죄를 사하기 위해 열두 과업을 시작하게 된다. 기원전 5세기의 질그릇 그림.

이다.

 "자네는 이로써 큰 복을 짓고 아프로디테의 사랑을 얻었으니 여신께서 언젠가 상을 내리실 것이네. 광증에 들어 아내를 죽이고 11년째 떠돌아다니는 이 헤라클레스가 하는 말이니 귀담아들어 두게."

6장
퀴지코스의 비극

은혜를 원수로

 아르고선은 사모트라케를 지나고 '헬레스폰토스'를 지났다. 헬레스폰토스, 즉 '헬레의 바다'는 오라비 프릭소스와 함께 금양을 타고 날아가다가 헬레가 떨어졌던 그 바다, 그래서 '헬레의 바다'로 불리는 바로 그 바다였다. 하지만 헬레스폰토스가 아르고선의 목적지는 아니었다. 아르고선은 헬레스폰토스 연안에 있는 퀴지코스라는 조그만 나라에 이르렀다.

 퀴지코스의 왕은 이아손 또래의 퀴지코스였다. 퀴지코스왕은 당시 클레이테(유명한 여자)라고 하는 아름다운 아내를 갓 맞은 새신랑이었는데도 불구하고 신방을 멀리하면서까지 이들을 환대했다. 가인 오르페우스가 새신랑 퀴지코스에게 신방으로 돌아갈 것을 권하자 새신랑은 이렇게 대답했다.

 "보시다시피 이곳은 신들의 은혜를 적게 받아 땅이 박하고 물자가 넉넉하지 못한 곳입니다. 그대들이 마실 물과 초라한 식량밖에는 내어놓을 것이 없는 것이 송구스러워 그대들이 내 땅에 유할 동안은 나도 그대들과 함께 거친 옷 험한 음식으로 견딜 것이니, 이로써 미안풀이를 삼으려는 나를 나무라지 마소서."

퀴지코스왕은 신방으로 돌아가라는 이아손과 오르페우스의 간곡한 말도 거절하고 아르고선이 정박한 해변에서 아르고나우타이와 함께 열흘을 살았다.

열흘 뒤에 아르고나우타이는, 퀴지코스왕이 '초라하다'고 겸손해하면서 내어놓은 푸짐한 선물을 받아 싣고 그 나라 항구를 떠났다.

그러나 보스포로스해협을 바라고 돛을 올린 지 하루가 채 못 되어 아르고선은 풍랑을 만나 뱃길을 잃고 말았다. 낮에는 돛대 그림자, 밤에는 별을 보고 뱃길을 짐작하던 나우폴리오스도 구름이 하늘을 덮어 낮에는 그림자가 없고 밤에는 별을 볼 수 없는 데는 어쩌지 못했다.

아르고선은 이틀 동안이나 갈피를 잡지 못하고 그리 넓지도 않은 헬레스폰토스를 표류하다가 사흘째 되는 날 밤에야, 그나마 천리안 륀케우스 덕분에 지세가 몹시 험한 '섬'에 배를 댈 수 있었다. 아르고나우타이는 아르고선을 대자마자 겨우 사흘간 떠나 있던 대지를, 오래 떠나 있던 고향인 양 반기며 우르르 상륙하여 밤 지낼 채비를 했다.

그러나 그곳은 '섬'이 아니니 무인도는 더욱 아니었다. 바위 뒤에는 수백의 기병들이 말고삐를 사려쥔 채 기다리고 있었다. 아르고나우타이 중에 새소리를 알아듣는 점쟁이 몹소스가 있었지만 그날 밤에는 파도 소리 때문에 새소리가 들리지 않았다. 천리안 륀케우스가

아르고 원정대의 항해
사자 가죽을 걸친 헤라클레스가 뱃머리에 서 있다. 해변에 매복한 기병들이 보인다. 16세기 이탈리아 화가 로렌초 코스타의 그림.

있었으나 륀케우스도 어둠을 뚫어볼 수는 없었다.

이 정체 모를 땅의 기병대는 아르고나우타이가 모닥불 피우는 것을 군호軍號 삼아 일제히 활을 쏘고 창을 던지며 공격해왔다. 모닥불은 이 정체 모를 기병대의 좋은 표적이었다.

그러나 비록 그 수가 수백에 이르렀다고는 하나 이 기병은 아르고나우타이의 적수가 되지 못했다. 헤라클레스는 대원들을 이끌고 모닥불에서 멀찍이 피해 있다가 모닥불만 겨누고 돌진해오는 기병의 측면을 공격하게 했다. 싸움에 능숙하지 못한 대원은 가인 오르페우스와 미소년 휠라스뿐이었다.

어둠 속의 전투는 기병이 하나 남김없이 쓰러진 다음에야 끝났고, 전투가 끝난 것은 새벽녘이었다. 그러나 서로의 얼굴을 알아볼 수 있을 만큼 사위가 밝아지고 나서부터 아르고나우타이가 내쉰 안도의 한숨은 비탄의 한숨으로 변했다.

아르고나우타이가 밤중에 상륙한 곳은 무인도가 아니라 그들이 사흘 전에 떠났던 퀴지코스 왕국이었으며, 밤새 그들이 죽인 기병은, 아르고나우타이를 야습해오는 적인 줄 알고 퀴지코스왕이 매복시키고 있었던 바로 그 퀴지코스 군사였다. 물론 기병의 주검에는 신방에 드는 것도 마다하고 아르고나우타이를 대접하던 그 젊은 퀴지코스왕의 주검도 있었다.

"아, 무서워라. 떠났던 땅으로 돌아와 은혜를 원수로 갚게 하는 이 섭리가 무섭구나. 이는 퀴지코스왕에게 눈에 보이지 않은 죄가 있었기 때문이 아니라 우리에게 눈에 보이지 않는 죄가 있었기 때문이다."

이아손은 대원들과 함께 퀴지코스왕을 비롯한 기병들의 장례를 치르면서 제단 앞에 제 머리카락을 잘라 바치고 복수의 여신 에리뉘에스에게 목 대신 거두어줄 것을 탄원했다. 지아비를 잃은 퀴지코스왕의 새색시 클레이테가 울다가 목을 매고 자결하자 수많은 퀴지코스 기병의 아내도 왕비의 뒤를 따랐다. 이들의 슬픔이 요정들까지 사무치게 했던지 산의 요정, 바다의 요정들이 이들의 눈물을 거두어

'클레이테'라는 샘을 만들어주었다.

아르고나우타이는, 후한 대접을 받고 떠났다가 다시 그 땅으로 돌아와 어둠 속에서 저지른 이 기가 막히는 살인을 후회하고 슬퍼하느라고 배를 띄우지 못했고, 그 슬픔을 삭일 수 있게 되고부터는 역풍과 풍랑 때문에 배를 띄울 수가 없었다. 물총새 우는 소리를 듣고 점을 쳐본 몹소스가 이아손에게 말했다.

"신들의 어머니이신 레아 여신께 제사를 드려야 할까 봅니다. 딘뒤몬산으로 올라가 여신께 신상을 깎아 바치고, 잘리고 남은 그대의 머리카락을 두루 보여 퀴지코스 산천이 용납하게 해야 합니다."

"어째서 하필 레아 여신께 제사를 드려야 한다지요?"

"왕비의 눈 밖에 나면 궁전에서 홀대를 받게 될 것이나 임금의 눈밖에 나면 아예 그 궁전에 들어갈 수가 없게 됩니다. 우리는 올륌포

레아 여신
신들의 어머니라 불리는 레아 여신의 로마식 이름은 '퀴벨레'다. 탑 모양의 관을 쓴 위엄 있는 모습으로 자주 그려진다.

스 열두 분 으뜸 신들을 비롯, 복수의 여신 에리뉘에스, 미풍양속의 여신 에우노미아, 정의의 여신 디케, 평화의 여신 에이레네 같은 버금 여신들, 딸림 여신들께 두루 제사를 드려야 할 판입니다. 신들의 어머니이신 레아 여신께 제사를 드리면 이분께서 알아서 요량해주실 것입니다."

과연 이들이 딘뒤몬산에서 레아 여신께 제사를 모신 연후에야 바다는 아르고선에 뱃길을 내어주었다.

헤라클레스의 중도하차

퀴지코스에서 오래 머무르느라고 식수와 식량을 지나치게 축낸 아르고선은 뮈시아라는 땅에 다시 상륙하지 않으면 안 되었다. 불행히도 이들이 상륙한 곳은 강도 없고 시내도 없어서 사람이 살지 않았다. 산에 올라가 산속의 샘을 찾는 수밖에 없었다.

아르고나우타이는 제각기 항아리를 하나씩 들고 샘을 찾아 산으로 올라갔는데, 다른 대원은 모두 물을 길어 내려와 기다리는데도 미소년 휠라스만은 소식이 없었다.

휠라스와 함께 올라갔던 대원 하나가 이런 말을 했다.

"휠라스는 항아리를 샘가에 놓고 물끄러미 샘물을 내려다보고 있습디다. 그런데 샘 안에서 희고 고운 손이 하나 나오더니 휠라스를 채어 끌고 들어가더군요. 나는 대원 중 하나가 먼저 그 샘에 들어가 있다가 휠라스를 희롱하는 줄 알고 '별 싱거운 사람 다 있구나' 이렇게 생각하면서 지나쳤지요."

"'희고 고운 손'이라니, 우리 대원들 중 손이 희고 고운 대원이 어디에 있느냐. 아탈란테가 있기는 하지만…….”

몹소스의 말에 아탈란테가 손을 내밀며,

"내 손 같습디까?"

하고 물었다.

그러나 반짝거리는 금 조임새로 여민 웃옷 위로 불룩하게 가슴이 솟아 여자 같았을 뿐, 표범보다 빠르다는 이 아르카디아 여걸의 손은 여느 남자 대원의 손과 다르지 않았다.

"아뿔싸."

헤라클레스가 이 한마디를 비명처럼 내지르고는, 휠라스가 올라갔던 방향으로 달려 올라갔다. 키잡이 티퓌스가 뒤에서,

"샘의 요정이 자네 애인을 채어갔나 보네"

하고 농을 던졌다.

대원들은 헤라클레스가 휠라스를 물 항아리째 둘러메고 내려올 줄 알고 기다렸다. 그러나 헤라클레스 역시 종무소식이었다.

이번에는 발 빠른 칼라이스와 제토스가 올라갔다.

헤라클레스는 바위틈에 있는 샘물에 몸을 담그고 있었다. 샘가에는 휠라스의 항아리가 빈 채로 놓여 있었다.

"대체 무얼 하시오?"

칼라이스가 물었다.

"샘의 요정이 휠라스를 채어 갔다는 말을 믿어야 하는가? 이 샘에는 바닥이 없네."

"뿌리를 저승에다 댄 샘이 있다더니, 이 샘이 그런가 봅니다."

휠라스와 샘의 요정들

휠라스가 요정들에게 이끌려 자취를 감추자, 헤라클레스는 원정대를 이탈해 그리스로 돌아갔다.
존 윌리엄 워터하우스(위)와 프란체스코 푸리니(아래)의 그림.

"뿌리를 저승에다 대고 있든 가지를 천궁에다 걸고 있든, 내 기어이 이 요정이라는 것을 찾아내어 요절을 내고 말겠네."

이아손을 비롯한 대원들이 올라와 주위의 섬을 샅샅이 뒤졌다.

칼라이스와 제토스는 하늘로 날아올라가 땅을 내려다보며 휠라스를 찾다가 소득이 없자 나중에는 천리안 륀케우스의 겨드랑이를 양쪽에서 끼고 날아올라 갔다. 그러나 천리안 륀케우스도 결국 이 미소년을 찾아내지 못했다.

아르고나우타이는 거기에서 하룻밤을 묵었다. 헤라클레스는 휠라스를 찾아다니느라고 모닥불 곁으로는 한 번도 오지 않았다.

아침이 오자 헤라클레스가 이아손을 불러 말했다.

"참으로 내가 뱉은 말이 무섭네. 렘노스섬에 주저앉아 떠날 생각들을 않고 있을 때 자네들을 나무라던 내가 어쩌다 이 지경이 되었을꼬. 떠나게. 나를 두고 떠나게. 나는 휠라스를 찾아보겠네. 우리의 원정은 참으로 큰일이기는 하나, 이 작은 휠라스를 위해 아르고나우타이를 떠나는 나를 어여삐 여겨주게."

"헤라클레스여, 그럴 수는 없습니다. 렘노스에서는 여자 품에서 헤어나지 못한다고 저희를 꾸짖으신 분이 아닙니까?"

"그래서 내가 말이 씨 되는 것이 무섭다고 하지 않았나?"

"큰일을 두고 작은 일로······."

"이놈아, 날 두고 떠나라면 떠나지 누구에게 큰일 작은 일을 따지려고 하느냐? 큰 것이 콜키스에 있을 수 있다면 이 헤라클레스의 마음속에도 있을 수가 있다. 웬 잔말이 그렇게 많으냐? 바위를 던져 저놈의 쪽배를 부숴버리기 전에 어서 떠나거라."

 이아손 일행은 결국 행방불명이 된 휠라스와, 휠라스 때문에 발길을 돌리지 못하는 헤라클레스를 그 땅에 남겨두고 동북쪽을 향해 떠나야 했다.

7장
피네우스의 예언

GREEK
AND
ROMAN
MYTHOLOGY

때아닌 권투 시합

아르고선은 헤라클레스의 험상궂은 눈길에 쫓기듯이 뮈시아를 떠나 보스포로스를 향했다. 그러나 식수가 떨어지는 바람에 아르고나우타이는 비튀니아에 잠시 상륙하지 않을 수 없었다.

아르고나우타이가 상륙한 비튀니아 땅의 지배자는 '아뮈코스'라고 하는 포세이돈의 아들이었다. 아르고나우타이 중에도 '둔갑의 도사'라는 별호로 불리는 포세이돈의 아들 페리클뤼메노스가 있었지만, 바다가 미치는 땅이 많듯이 포세이돈의 자식 또한 많아서 이들은 서로를 알아보지 못했다.

그런데 주먹 하나로 나라를 얻었다는 이 비튀니아 왕 아뮈코스에게는 못된 버릇이 하나 있었다. 그 못된 버릇이란, 주먹질을 겨루자고 나그네를 꾀었다가 나그네가 응하면 틀림없이 때려 죽이는 버릇이었다.

아르고나우타이가 물을 좀 길어 가게 해달라고 청하자 아뮈코스는 선선히 허락하더니 이렇게 토를 달았다.

"……샘 주인을 때려눕힐 장사가 그대들 중에 있으면 말이지요. 샘 주인만 때려눕히면 물 같은 게 문젭니까. 육축六畜을 골고루 실어 가게 해드리지요."

"샘 주인이 어디에 있습니까?"

이아손이 묻자 아뮈코스는 엄지손가락으로 제 가슴을 가리켰다.

'디오스쿠로이(제우스의 아들들)'라고 불리는 카스토르와 폴뤼데우케스는, 앞에서 여러 번 말했다시피 헤라클레스를 빼고는 천하에 당할 자가 없는 스파르타의 장사들이다. 카스토르는 씨름 잘하기로 유명하고 폴뤼데우케스는 권투 잘하기로 유명한데, 후자의 경우는 대장장이 신 헤파이스토스에게 특별히 청하여 오른 손목을 잘라내고 대신 쇠주먹을 단 것으로 더욱 유명하다. 따라서 폴뤼데우케스는 인류 최초의 '퀴베르네테스', 오늘날에는 '사이보그'라고 불리는 합성 인간이었던 셈이다.

폴뤼데우케스는 렘노스섬에서 사랑하던 여자에게서 받았다는 웃통을 벗고 아뮈코스에게 일렀다.

"주먹질에 능한 아뮈코스왕이여, 나는 싸움에 능한 폴뤼데우케스라는 사람이오. 나는 싸움에 능하니까 싸움터에서 죽을 것을 예감하고 있소만, 그대는 어떠하오? 그대는 혹시 주먹질하다 맞아 죽을 거라고 생각해본 적 있소?"

아뮈코스는 고개를 가로저었다. 그러나 아뮈코스가 고개를 가로저은 것은 그것이 마지막이었다. 아뮈코스가 폴뤼데우케스와 맞붙어 주먹으로 몇 번 사귀어보지도 못하고 맞아 죽자 부하들이 우르르 창

칼을 휘두르며 아르고나우타이를 둘러쌌다.

 그러나 아뮈코스의 군사들에게 아르고나우타이는 '번견(番犬) 없는 양 떼를 덮치는 이리 떼'였고, 아르고나우타이에게 아뮈코스의 군사들은 '연기에 쫓겨 꿀을 버리고 달아나는 벌 떼'였다. 아르고나우타이는 꿀 대신 물과 가축을 넉넉하게 싣고 그곳을 떠났다.

희망은 운명을 이긴다

 이로부터 오래지 않아 아르고나우타이는 운명의 힘에 이끌려, 오래전부터 이들을 기다리는 이가 있는 곳에 이르게 된다. 보스포로스 저쪽 에욱세이노스, 즉 흑해 초입에 있는 트라키아의 어느 해안이 바로 이 땅이다.
 아르고나우타이는 이 땅에 상륙하자 언덕 위에 보이는 초라하기 그지없는 오두막을 향해 변변치 못한 길을 따라 오르기 시작했다. 이들이 그 오두막 앞에 당도하자, 하도 늙고 하도 마르고 하도 그을려, 발밑에 엇비슷하게 누운 그림자와 별로 다르지 않은 노인이 하나 걸어 나왔다. 노인은 떨리는 무릎을 가누며 아르고나우타이 앞으로 비트적거리며 다가왔다. 만고풍상을 다 겪어온 헬라스 영웅들도, 산보다 더 나이가 많을 듯한, 땀에 절고 때에 전 노인 앞에서는 섬뜩한 생각이 들었던지 모두 한 걸음씩 뒤로 물러섰다. 노인은, 대지가 갑자기 바다처럼 출렁거리기 시작했다고 느꼈는지 맨 앞에 선 이아손을 붙잡으려다가 그대로 제 그림자 위로 쓰러졌다.

"왔구나, 왔구나. 아르고나우타이가 이제야 왔구나. 왔구나, 왔구나, 보레아스의 아들 칼라이스와 제토스가 왔구나."

노인은 이 말만 남기고는 죽은 듯이 꼼짝도 하지 않았다.

이아손(고치는 자)이 서둘러 케이론으로부터 배운 의술로 노인의 정신을 돌아오게 한 뒤,

"아르고나우타이가 여기에 오는 것은 어떻게 아셨으며, 칼라이스와 제토스가 오는 것은 또 어떻게 아셨습니까?"
하고 물었다.

노인은 장님이었다.

"먹을 것을 좀 주어. 한 그릇의 보리죽, 한 모금의 물, 한 알의 실과…… 모두 맛본 지 오래……. 하지만 지금 줄 것은 없어. 지금 주어도 나는 못 먹어. 아직은 먹을 때가 되지 않았어."

노인은 대리석상의 눈같이 하얀 눈으로 아르고나우타이를 하나씩 차례로 노려본 뒤에 긴 이야기를 시작했다.

"나는 아게노르의 아들 피네우스야. 내 이름, 귀에 설지 않지? 나는 세상이 접시같이 평평하지 않다는 걸 알고, 세상이 휘페르보레이아(극북極北)에서 끝나지 않는다는 것도 알아. 나는 헬리오스(태양)가 검은 너울을 쓰는 까닭도 알고, 셀레네(달)가 뜨고 지는 이치도 알아. 어떻게 아느냐고? 아폴론께서 가르쳐주셨지. 그런데 나는 포이보스 아폴론(빛나는 아폴론)이 모르는 것도 알아. 내 잘못인가? 나는 이걸 사람들에게 가르쳤어. 그랬더니 제우스 대신이 어째서 천기를 누설하느냐고 몹시 화를 내시면서 벼락을 조그만 것으로 하나 던지시더

라고. 그게 무슨 벼락이었는지, 한 대 맞았더니 살갗이 떡갈나무 껍질같이 늙고 눈이 보이지 않아.

 내 눈에는 자네들이 보이지 않아. 하지만 나는 알아. 자네는 젊은 대장 이아손이고, 자네는 트라키아의 풍각쟁이 오르페우스, 자네는 개똥 점쟁이 몹소스, 자네는 술장수 팔레로스…… 주신酒神의 사생아지? 그리고 저기 주먹 쥐고 서 있는 것은 쇠주먹 폴뤼데우케스…… 주먹에 피가 묻었구나. 뱃길이 남았는데 해신의 아들을 죽여? 그리고 자네는 달거리하는 무사로구나. 그 옆에 있는 것은 눈 밝은 륀케우스…… 눈구녕만 밝으면 무얼해? 심안心眼이 있어야지. 나 장님이라도 장님이라는 걸 비참하게 생각하지 않아.

 제우스 대신은, 장님이라는 걸 비참하게 생각하지 않는 장님이 또 보기 싫으셨던 게야. 그래서 하르퓌아이를 보내어 나를 괴롭히는데…… 하르퓌아이 알아? 새야 새. 크기가 독수리만 해. 새는 새인데 대가리는 곱기가 한량없는 계집 사람이야. 물론 계집의 등에는 날개가 달려 있어……. 이게 하르퓌아이야. 너희도 곧 이 '제우스의 사냥개들'을 보게 돼. 이것들, 꼭 세 마리씩 짝을 짓고 다니는데, 끼니 때마다 나타나 내 먹을 걸 대신 먹고는 접시에다 똥을 싸 갈기고 날아가……. 물을 먹으려 해도 날아오고, 보리죽을 먹으려 해도 날아오고, 실과를 하나 먹으려 해도 날아와. 저승에서 탄탈로스가 물을 마시려고 하면 멀쩡하게 있던 물이 달아나버린다더니 나는 살아서 이 꼴을 당하고 있어. 아, 한 그릇의 보리죽, 한 모금의 물, 한 알의 실과…… 맛본 지 오래야."

피네우스가 침을 삼키자 이아손이 물어보았다.

"드실 것이 생기기는 생깁니다그려. 그런 것은 누가 마련해줍니까?"

"'에르피스(희망)'지, 에르피스가 마련해주면 하르퓌아이가 앗아 가버리고……. 그래서 내가 언제 마음 정하게 먹고 제우스 대신께 여쭈었지.

'이제 천기를 누설하지 않을 것이니 그만 거두어주소서. 거두어주지 않으시려거든 죽어서 레테(망각의 강)를 건너게 해주소서. 살아서 받는 벌 죽어서도 받을 생각을 하니 아득합니다만, 차라리 레테강을 건너면 이승 일이야 잊히겠지요.'

그랬더니 대신께서 하시는 말씀,

'너에게는 아직 이승에서 할 일이 남아 있다. 모월 모시에 한다하는 젊은것들이 너를 찾아올 게다'

'아무리 한다하는 젊은것인들 하늘을 나는 하르퓌아이를 무슨 수로 쫓습니까?'

'그놈, 의뭉한 수작이 날로 느는구나. 네가 배운 술수로 읽어보아라'

그래서 내가 읽어보았더니 자네들이 이렇게 오게 되어 있더라고. 보레아스의 아들이여, 나를 도와주게. 내가 트라키아에서 임금 노릇 할 때 데리고 살던 마누라가 그대 아비 보레아스의 누이였느니……."

이아손은 곧 아르고선에서 술과 고기를 내려오게 한 뒤 음식을 한 상 잘 차리게 했다. 아르고선의 화장(火匠) 아카스토스가 차린 상에는 육축의 고기가 갖추어 마련된 것은 물론이고, 육반(肉飯)도 있고 송진 섞은 포도주도 있었다.

화장이 음식을 마련하면서 이쪽에서 떼어 먹고 저쪽에서 베어 먹을 때는 아무렇지도 않았는데 피네우스가 음식을 입으로 가져가는 순간 하늘에서 구름을 헤치고 하르퓌아이라는 요괴가 내려왔다. 얼굴은 곱기가 한량없는 계집인데 나머지는 영락없이 새인, 참으로 요상한 괴물이었다. 그러나 모습보다 더 요상한 것은 그 버르장머리와 몸에서 풍기는 이상한 냄새였다. 피네우스 노인과 아르고나우타이가 코를 싸쥐고 있을 동안 요괴들은 음식을 말끔히 핥아 먹고 포도주까지 마신 다음 접시에는 똥을 싸 갈겨놓고 하늘로 날아올라 갔다. 간 자리에 남은 냄새는 그 몸에서 나는 냄새보다 더 견디기 어려웠다.

아르고나우타이가 겨우 정신을 차리고 잡았던 코를 놓은 것은 하르퓌아이가 까마득히 날아오른 뒤였다. 북풍의 아들 칼라이스와 제토스도 날아오를 채비를 하고 하늘을 올려다보았다. 그러나 이 쌍둥

하르퓌아이를 쫓는 칼라이스와 제토스
16세기 이탈리아 화가 파올로 피암밍고의 그림.

이 형제의 눈에는 하르퓌아이가 보이지 않았다.

"륀케우스, 륀케우스, 대체 어느 쪽이오?"

이아손이 소리를 질렀다.

천리안 륀케우스가 한 손으로 해를 가리고 하늘을 쳐다보다가 동쪽을 가리켰다.

칼라이스와 제토스는 륀케우스가 가리키는 쪽으로 날아올랐다.

"창을 가지고 가야지."

이아손이 창을 주려고 하늘을 올려다보았으나 쌍둥이 형제는 이미 이아손의 눈에 보이지 않았다.

쌍둥이 형제가 이 세 마리의 하르퓌아이를 따라잡은 것은 '적대하는 바다' 흑해에 떠 있는 조그만 섬 상공에서였다. 쌍둥이 형제에게 쫓기던 하르퓌아이는 섬 뒤로 날아갔다. 쌍둥이 형제도 칼을 뽑아들고 바싹 뒤쫓았다.

쌍둥이 형제라도 나는 속도가 같지 않아서 칼라이스가 제토스를 앞섰다. 하르퓌아이 세 마리도 나는 속도가 각각이어서 그중 몸집 큰 것이 자꾸만 뒤처지고 있었다.

쌍둥이 형제와 하르퓌아이가 쫓고 쫓기면서 한동안 여러 바퀴 빙글빙글 돌았던 섬은 후일 '스트로파데스(회전하는 섬)'라고 불리게 된다. 섬이 회전한 것이 아닌데도 이렇게 불리는 걸 보면, 쌍둥이 형제의 눈에는 저희는 가만히 있는데 섬이 빙글빙글 도는 것으로 보였던 모양이다.

하르퓌아이는 섬을 돌다가 방향을 바꾸어 아마존의 나라가 있는 텔모돈강 하구 쪽으로 날기 시작했다. 그러나 몸집이 유난히 커 보이는 하르퓌아이 하나는 여전히 뒤처지고 있었다.

 칼라이스가 이 뒤처진 것을 노리고 꼬리 쪽을 겨누어 칼을 둘러메는 순간 뒤따라오던 제토스가 소리쳤다.

 "보아요, 무지개가 아니오!"

 언제 섰는지 무지개가 하나 텔모돈강과 구름 사이에 걸려 있었다.

 "하르퓌아이가 무지개 여신 이리스와 자매간이라는 말을 들어보았소?"

 제토스의 말에 칼라이스가 칼을 거두고 뒤를 돌아다보았다. 그사이에 하르퓌아이가 무지개 뒤로 그 모습을 감추었다.

 "보레아스의 아들들아, 너희가 나를 아느냐?"

 하르퓌아이가 무지개 뒤로 숨자 헤라 여신의 사자(使者)인 이리스 여신이 쌍둥이 형제를 불러 세웠다. 형제의 눈에는 무지개밖에는 보이지 않았다.

 "이리스 여신께서는 어디에 계십니까?"

 칼라이스가 물었다.

 "너희 눈앞에 있다. 이제 제우스 대신의 뜻이 이루어졌으니 하르퓌아이를 더 쫓지 마라. 칼질하는 것은 더욱 안 될 일이다. 하르퓌아이는 대신께서 길들이신 대신의 사자들인즉 너희는 칼을 거두고 돌아가거라."

 "여신께서 하르퓌아이의 자매라는 것은 알고 있습니다. 그래서 저희가 돌아가야 합니까?"

이리스와 제우스
무지개의 여신 이리스는 하늘과 땅을 연결하는 무지개처럼 신의 뜻을 인간에게 전달하는 전령 역할을 한다. 이 그림에서는 제우스의 전언을 듣고 있는 듯하다. 프랑스 화가 미셸 코르네유 2세의 그림.

"피네우스에게 내려졌던 제우스 대신의 진노가 거두어졌다는 말이다. 내가 이리스 여신이라는 것을 믿느냐?"

"무지개 안에 계시니 이리스(무지개) 여신이겠지요."

"그러면 내가 제우스 대신의 몸을 받아 스튁스강에다 맹세를 한다. 금후로는 하르퓌아이가 피네우스를 괴롭히지 않을 것이다. 이로써 피네우스는 너희 은혜를 입었다."

"저희가 무엇으로 징표를 삼으리까?"

"피네우스가 다 알고 있을 것이니 징표가 필요하지 않다. 칼라이스여, 네가 칼로 내려치려던 게 누구인지 알기나 하느냐? '포다르게(빠른 자)'다. 포다르게가 왜 뒤처졌는지 알기나 하느냐? 자식을 배고 있기 때문이다. 누구 자식인지 알기나 하느냐? 네 아비 보레아스(북풍)의 자식이다. 내가 칼질을 멈추게 하지 않았더라면 네가 포다르게의 복중에 든 네 형제를 죽였을 것이다. 쫓는 너희가 짐승이면 모르되, 인간이거든 뒤로 처진 것에다 칼질을 삼가라. 어린것, 늙은것, 아니면 새끼를 밴 것일 테니……."

쌍둥이 형제는 이리스 여신의 말을 믿고 피네우스가 있던 곳으로 돌아왔다.

뒷이야기지만, 하르퓌아이의 하나인 포다르게가 낳은 북풍의 자식은 두 마리의 말이었다. 트로이아 전쟁 때 명장 아킬레우스가 타던 두 마리의 말 '크산토스(밤색 털)'와 '발리오스(얼룩무늬)'가 바로 이 빠르기로 소문난 북풍과 포다르게의 자식들이다. 뛰는 것 중에 아킬레우스가 따라잡지 못할 것은 이 두 마리의 명마뿐이었다.

쌍둥이 형제가 돌아왔을 때 이미 피네우스의 오두막 앞마당에는 잔치 자리가 마련되고 있었다. 잔칫상을 차리는 화장 아카스토스 옆에서 가인 오르페우스는 수금 줄을 고르고 있었다.

오래간만에, 참으로 오래간만에 하르퓌아이의 훼방에서 풀려나 고기를 안주로 술을 마시고 술을 소식제消食劑 삼아 고기를 먹는 피네우스의 기쁨도 기쁨이려니와, 고기 한 점 먹으면 1년이 젊어지고 술 한 잔 마시면 1년이 젊어지는 듯한 피네우스를 바라보는 아르고나우타이의 즐거움 또한 이에 못지않았다. 먹으면 먹는 만큼 젊어진다는 말은 빈말이 아니다. 아프리카 땅에 산다는 퓌그마이오이(피그미)는, 굶고 있을 때는 50줄로 보이고 포식한 뒤에는 20대로 젊어 보인다는 말도 있다.

피네우스는 먹은 위에 또 먹고, 마신 위에 또 마시면서 아르고나우타이에게 말했다. 그 말투가 퍽 정중해진 것이 아르고나우타이들이 듣기에 좋았다.

"이아손 대장이 '먹을 것을 누가 마련해주느냐'고 물었을 때 '희망이 마련해준다'고 한 내 말은 허사가 아니오. 에르피스(희망)가 내 옆에 없었더라면 나는 그대들이 이 땅에 태어나기도 전에 하데스에 가 있었을 것이오. 나는 오래전에 그대들이 오리라는 것을 알고 있었어요. 오래전부터 나는 그대들을 만나고, 이렇게 먹고 마실 수 있게 될 줄 알고 있었어요. 그러나 이 술과 고기는 '희망'보다 내 '예지'보다 맛이 있구료. 제우스 대신께서는 그대들 만나는 자리를 꾸미려고 나를 연단練鍛하신 것이 아니라 참 술맛, 참 고기 맛을 알게 하시려고 나를 굶긴 것만 같아요. 나는 이렇게 먹고 마시는 날이 오리라는 것을 알고 있었어요. 그러니 에욱세이노스, 저 적대하는 바다를 열 아르고나우타이여, 내 말을 잘 들으세요.

여기에서 뱃길로 이틀 거리 되는 곳에는 이 적대하는 바다의 문이

하르퓌아이로부터 해방된 피네우스
자유를 얻은 피네우스는 아르고 원정대가 콜키스 땅에 무사히 도착할 수 있는 방법을 일러준다. 베르나르 피카르의 동판화.

있어요. 그대들이 열어야 하는 이 문을 뱃사람들은 '쉼플레가데스'라고 부른답니다. '충돌하는 바위섬'인 것이지요. '에욱세이노스'라고 하는 저 검은 바다(흑해) 초입에 마주 보고 서 있는 섬이 바로 '쉼플레가데스'인데, 지금까지 이 두 섬 사이를 지나간 배는 한 척도 없어요. 왜냐, 이 두 바위섬은 뿌리를 땅에다 박고 있는 것이 아니라 옛날의 '델로스(떠 있는 섬)'처럼 물 위에 가만히 떠 있다가 그 사이로 뭐가 지나갈 때마다 이렇게……."

피네우스는 두 주먹을 가슴 앞에서 탁 맞부딪치면서 말을 이었다.

"……꽝 부딪친답니다. 이러니 배가 지나갈 수 있겠어요? 그러니 내가 시키는 대로 해야 합니다. 그대들이 타고 온 배가 '아르고선快速'이라지요? 여기에서 비둘기를 한 마리 사로잡아두었다가, 쉼플레가데스에 이르거든 배를 두 섬 사이에다 바싹 붙여놓고 이 비둘기를 날리세요. 섬 사이로 비둘기가 날아가면 쉼플레가데스가 꽝 부딪칠 게 아닌가요? 험한 바위산이 부딪치는데 비둘기가 그 사이에 끼어 죽을 염려는 없으니 새 점쟁이 몹소스가 그렇게 울상을 지을 것은 없고…… 새를 향해 부딪치는 순간, 두 개의 바위섬이 맞붙는 순간, 이 쉼플레가데스를 향해 아르고선을 몰아넣으세요. 맞붙은 쉼플레가데스를 뱃머리로 받을 듯이 몰아넣으세요. 그래도 아르고선은 그 맞붙은 섬을 들이받지 않아요. 왜냐, 비둘기를 향해 맞부딪쳤던 두 섬이 다시 열릴 테니까……. 알겠소? 내 말을 명심하지 않으면 에욱세이노스로 들어가는 게 아니라 하데스의 땅으로 들어가는 꼴이 될 것이니 그리 아세요. 그대들이 내 말대로 해서 이 섬 사이를 뚫어내면 쉼플레가데스가 다시는 맞부딪치지 못할 것이오."

"그것은 대체 무슨 말씀이시지요?"

점쟁이 몹소스가 물었다. 피네우스가 같은 예언자이자 점쟁이인 몹소스한테는 여전히 예를 갖추지 않고 꾸짖었다.

"너 같은 것은 천상 새점이나 칠 팔자구나. 세이레네스(사이렌 무리)가, 저희들 노래에 홀리지 않는 뱃사람을 만나면 자결하고 만다는 말도 못 들었느냐? 스핑크스가 제 수수께끼를 풀어버린 오이디푸스 앞에서 투신자살했다는 말도 못 들었느냐?"

"그러니까 쉼플레가데스도 세이레네스나 스핑크스같이······."

"너 같은 것을 데리고 천기를 누설하라는 말이냐? 그것은 그렇고······ 이아손 대장은 귀담아들으세요. 적대하는 바다의 문을 열고 들어가더라도, 기쁘다고 너무 기뻐하지 말고, 슬프다고 너무 슬퍼하지 마세요. 기뻐하느라고 마음 빗장까지 열었다가 슬픈 일 당하고, 슬퍼하느라고 삼가다가 기쁜 일을 만나는 수가 있는 법이오. 늙은 아비의 이빨이 하나 빠지는 것은 어린 새끼의 이빨이 하나 날 때가 되었기 때문이니, 그대들이 겪을 앞날도 이와 같을 것이오.

자, 적대하는 바다로 들어서거든 동쪽 해안을 따라서 올라가세요. 아케론강을 만나거든, 험로를 지나면서 공이 큰 사람을 잘 다스리고, 텔모돈강 하구에 이르거든 곤경에 빠진 사람을 모르는 이라고 하지 마시오. 하면, 지나는 뱃사람에게 콜키스 땅이 어디냐고 묻지 않아도 될 것이며, 콜키스 땅에 이르면 그대가 근심해야 할 일을 콜키스 땅이 마련하고 있을 것이오."

이튿날 아르고나우타이는 뱃짐을 줄이느라고 피네우스의 오두막에 식량을 부려두고 다시 바다로 나갔다. 피네우스는, 아르고나우타이가 부려둔 것을 다 먹고 죽었다는 이야기도 있고, 아르고선을 전송하고 오두막으로 들어와 자는 듯 세상을 떠났다는 이야기도 있다.

충돌하는 바위섬, 쉼플레가데스

 피네우스의 말대로 아르고선은 떠난 지 이틀 만에 쉼플레가데스 앞에 이르렀다. 겉보기에는 꼭대기에 구름을 거느릴 만큼 높고 험한, 두 개의 마주 보고 있는 섬에 지나지 않았다. 두 개의 섬 저쪽으로 보이는, 이따금씩 흰 잔등을 드러내는 검은 바다, 그 바다가 아르고선을 향해 뿜어대는 듯한 싸늘한 역풍과 물보라가 예사롭지 않았지만 아르고나우타이는 잔잔한 바다에서만 길든 뱃사람들은 아니었다. 그러나 그 두 개의 섬이 지나가는 배를 향해 맞부딪쳐 올 것이라고 피네우스는 예언하지 않았던가?

 섬 주위에는 부서진 배의 파편들이 어지럽게 떠다니고 있었다. 부서진 덕판, 찢어진 돛 조각, 끊어진 아딧줄, 부러진 노 자루가 그 바다의 적의를 증언하고 있었다. 물 위로는 인간의 사체가 떠다니고 있었고, 물밑으로는 치열齒列이 보이는 거대한 물고기가 섬 그늘로 모이고 있었다.

 이아손은 키잡이 티퓌스를 타륜 앞에 세우고, 눈 밝고 귀 밝은 이

도몬에게는 몹소스가 붙잡아 온 흰 비둘기를 주어 뱃전에 세운 뒤 나머지 대원들을 모두 노좌(櫓座)에 앉게 하고는 영을 내렸다.

"이곳이 적대하는 바다의 문 쉼플레가데스, 곧 충돌하는 바위섬, 우리가 마땅히 넘어야 할 관문의 문턱입니다. 피네우스가 예언했듯이, 이 두 섬은 나는 것이든 뜨는 것이든 그 사이에 들어간 것을 향하여 양쪽에서 부딪쳐 옵니다. 우리가 힘과 용기와 지혜로 맞서지 못하면 아르고선은 연자매에 들어간 보리알 신세를 면하지 못합니다. 그러나 신들의 섭리를 믿으세요. 우리가 연자매에 들어간 보리알 신세가 되게 하려고 피네우스가 우리를 기다리고 있었던 것은 아닐 것입니다."

이아손은 먼저 이도몬에게 군호를 보내어 흰 비둘기를 날리게 했다. 비둘기는 역풍을 타고 고도를 높이는 버릇이 있어서 똑바로 역풍이 불어오는 두 섬 사이로 날았다. 비둘기가 섬 사이로 들어가자 거대한 두 섬이 엄청난 속도로 부딪쳐 오기 시작했다. 이때부터 아르고나우타이의 귀에는 두 섬이 맞부딪쳐 오면서 양쪽으로 산 같은 물결을 일으키는 소리밖에는 아무것도 들리지 않았다.

거대한 두 개의 섬이 흰 비둘기를 덮치는 형국은 거인이 눈앞을 날아가는 벌레를 두 손으로 잡는 형국과 비슷했다. 하늘이 깨어지는 듯한 굉음과 함께 두 섬이 한 덩어리로 맞붙었다. 섬의 바위산에서 뿌리째 뽑힌 나무와 바위가 우르르 쏟아져 내려와 맞붙은 섬 주위의 엄청난 소용돌이로 휩쓸려 들어갔다.

이아손이 한 손을 들었다. 노좌에 앉은 대원들은 일제히 노를 젓기 시작했다. 티퓌스는 타륜을 잡고 아르고선을 맞붙은 두 개의 섬을 향하여 똑바로 몰고 들어갔다. 피네우스의 말 그대로였다. 아르고선이 뱃머리로 받을 듯이 맞붙은 두 섬을 겨누고 달려들자 두 섬은 조금씩 벌어지다가 원래 있던 자리로 되돌아가기 시작했다. 섬 사이에서 비둘기가 날아 나와 흰 털 몇 개를 바다 위로 떨구면서 검은 바다 위로 솟구치고 있었다.

티퓌스는 열리고 있는 두 바위섬 사이로 아르고선을 몰아넣었다.

가자, 콜키스로!
아르고호가 바위 사이를 지나자, 바위는 서로 부딪치지 않는다. 바위가 서로 부딪치지 않는다는 것은, 흑해가 더 이상은 미지의 바다가 아니게 되었다는 뜻이 아닐까. 쉼플레가데스는 지금의 보스포루스해협 근처에 있었을 것이라고 전한다. 베르나르 피카르의 동판화.

7장 피네우스의 예언   203

두 바위섬이 아르고선을 향해 다시 부딪쳐 오기 위해서는 먼저 원래 있던 자리로 가야 했다. 두 바위섬이 원래 있던 자리로 돌아간 것은 아르고선이 섬 사이로 완전히 들어갔을 때였다.

"저으시오! 여러분이 잡아당기는 것은 노 자루가 아니라 타나토스(죽음)의 멱살이오!"

키잡이 티퓌스가 타륜을 잡고 소리를 질렀다. 그러나 그 소리는 대원들에게 들리지 않았다. 두 바위섬이, 제각기 남긴 향적을 거슬러 다시 부딪쳐 오기 시작했기 때문이다.

"티퓌스! 사신死神을 험담하지 마시오."

이아손의 고함 역시 티퓌스의 귀에 들리지 않았다.

바다는 바닥을 드러낼 듯이 아르고선 양쪽으로 치솟았다. 두 바위섬이 물을 가르는 소리 때문에 들리는 소리가 없었고, 제각기 향적을 거슬러 오며 일으킨 물보라 때문에 눈에 보이는 것이 없었다. 아르고선이 파도의 골에 갇힐 때는 물기둥이 신전 열주처럼 뱃전으로 무너져 왔고, 파도의 마루에 올라가 있을 동안 아르고선 양쪽의 노 깃은 새의 날개처럼 허공을 퍼득거렸고, 키따리는 새의 꽁지처럼 허공을 살랑거렸다.

아르고선이 두 섬 사이에서 온전히 벗어날 시간은 넉넉했다. 그러나 배는 두 바위섬이 일으킨 소용돌이에 휘말려 들고 있었다. 쉼플레가데스가 부딪친 순간 아르고선 고물의 키따리가 부서진 것도 그 때문이었다. 신심이 깊은 이피토스는, 키따리가 부서진 것은 키잡이 티퓌스가 명부冥府의 사신을 때아니게 험한 입에 올렸기 때문이라고 했다.

  이때 맞붙은 이후로 쉼플레가데스는 아주 붙어 이 길로 들어서는 헬라스 배를 더 이상 부수지 않았는데, 혹자는 어찌나 세게 부딪쳤는지 아예 붙어서 떨어지지 않게 된 것이라 하고, 혹자는 쉼플레가데스의 상합相合을 이 두 바위섬의 자살이라고 한다. 어찌 되었건 뱃사람들이 이 맞붙은 바위섬을 오른쪽으로도 보고 왼쪽으로도 보고 지나 다닐 수 있게 된 것은 이때부터였다고 한다.

8장
금양모피를 향하여

GREEK
AND
ROMAN
MYTHOLOGY

헌 이빨 대신 새 이빨을 얻고

　신심 깊은 이피토스의 집전으로 아르고나우타이가 뱃길의 수호 여신에게 제사를 드린 다음 술과 고기를 배불리 먹을 동안 키잡이 티퓌스는 큰 공을 세우고도 부서진 키따리를 고치느라고 함께 어울리지 못했다.

　이때부터는 뱃길이 좋아 아르고선은 동쪽으로 해안을 끼고 북상해서, 쉼플레가데스를 정복한 지 오래지 않아 아케론강 가의, 뤼코스(이리)라는 임금이 다스리는 조그만 나라에 이르렀다. 아케론강은 우리가 알다시피 명부를 흐르는 '아케론(비탄의 강)'과 그 이름이 같다. 이름만 같은 것이 아니고 실제로 당시 사람들은 이 강이 저승으로 흘러들어 간다고 믿었다. 그러나 정말 명부의 아케론과 물줄이 닿는 강이었던지 이 강 하구에서 뤼코스왕의 환대를 받은 직후에 쉼플레가데스 정복의 공로자인 키잡이 티퓌스와 비둘기잡이 이도몬이 이름 모를 병을 앓다가 세상을 떠났다. 돛대 옆을 새 한 마리가 나는 것까지 신의 뜻으로 풀기를 좋아하는 이피토스는,

"티퓌스는 아르고선을 대신해서 죽었고, 이도몬은 비둘기를 대신해서 죽었다"
고 했다.

아르고나우타이가 두 대원의 죽음을 슬퍼하여 곧 잔치를 거두고 회선回船하자는 의논을 정했을 때도 이피토스는,

"우리가 뮈시아에서는 헤라클레스와 휠라스를 떠나보내고 슬퍼하더니, 여기에서는 또 티퓌스와 이도몬을 앞세우고 이렇듯이 슬퍼합니다. 그러나 피네우스께서는, 기뻐하고 슬퍼하는 일은 우리 몫이나 이 일을 주관하는 것은 우리 몫이 아니라고 했습니다"

이렇게 말하고는 혼자서 잔치 끝을 보고서야 뒤늦게 아르고선으로 돌아왔다.

이피토스가 보기는 제대로 보았던지, 아니면 이피토스가 피네우스의 말을 듣기는 제대로 들었던지 아르고나우타이는 아레스섬에서 뜻하지 않던 길라잡이 네 사람을 만날 수 있었다.

아르고선이 아레스섬을 지나는데, 섬에서 귀에 몹시 거슬리는 소리가 들려왔다. 금방이라도 숨이 넘어가는 듯이 창 끝으로 방패 긁는 소리를 내며 바쁘게 우는, 참으로 요사스럽기 짝이 없는 소리였다. 천리안 뤼케우스가 돛대 위로 올라가 아레스섬을 일별하고는 내려와서 말했다.

"요사한 새 무리가 나그네들의 머리 위를 어지럽게 날고 있습니다. 나그네들은 귀를 싸쥐고 뒹굴고 있군요. 나그네…… 어린것들이군요."

스튐팔로스의 새 떼와 싸우는 헤라클레스
헤라클레스의 여섯 번째 과업이 스튐팔로스의 새 떼를 몰아내는 것이었다. 스튐팔로스에서 쫓겨난 새들은 아레스섬을 새로운 거처로 삼았다. 기원전 6세기의 항아리 그림.

 이 새들은 다른 새가 아니라, 스튐팔로스늪에 있다가 헤라클레스에게 쫓겨 이 흑해 연안 아레스섬으로 온 바로 그 새 떼다. 이 새 떼가 전쟁신 아레스의 섬에 있는 것은, 이들이 바로 아레스의 딸들이니 당연하다. 륀케우스가 '새 무리'라고 했으나 원래 그 수효가 어찌나 많은지 한꺼번에 날아오르면 태양이 가려 늪이 어두워질 정도인데, 견주어서 말하자면 이 새의 수효는 명계의 강 아케론 가에서 방황하는 망령의 수효와 같다. 그래서 이 새 떼가 그 창날 같은 깃(이 새 깃은 날카롭기가 창날 같다)으로 나그네 하나를 죽여 나누어 먹으면 무리에 새가 한 마리 늘어난다.
 "텔모돈강 하구에 이르거든 곤경에 빠진 사람을 모르는 이라고 하지 마라……."

스팀팔로스의 새 떼에게 활을 겨누는 헤라클레스
독일 화가 알브레히트 뒤러의 그림.

 피네우스의 이 말대로 아르고나우타이는 배에서 내려 방패를 모두 들어 지붕을 만들고 그 사이로 창을 던져 새 떼를 쫓았다. 아르고나우타이의 수만큼 죽이고 나머지 새 떼를 쫓은 다음에 어린 나그네를 구해놓고 보니 네 사람은 마침 금양을 타고 콜키스를 날아갔던 프릭소스의 네 아들이었다. 이름이 아르고스, 퀴티소로스, 프론티스, 멜라스인 이 네 형제는 콜키스에 있어야 마땅한 사람들이었다.
 이아손이 물었다.
 "콜키스의 국빈으로 대접받아야 할 재종 아우들이 이렇듯이 험한 땅에서 고난을 받는 까닭이 무엇이냐?"

네 형제의 맏이인 아르고스가 대답했다.

"금양모피가 귀물(貴物)이기는 하나, 귀물이라는 것은 원래 베푼 사람을 지켜주기보다는 해코지하는 구실이 되기가 쉽습니다. 우리 아버지 프릭소스가 이 귀물로 인하여 목숨을 잃었고 우리 네 형제도 이 귀물로 인하여 그 나라에서 쫓겨났습니다. 처음 만나는 형님께서도 생각해보십시오. 우리 일족을 없애면 금양모피는 온전히 콜키스 왕의 것이 되지 않겠습니까? 이것이 콜키스 왕 아이에테스가 우리를 쫓아낸 까닭입니다."

"그 왕이라는 자가 프릭소스를 죽이고 너희를 죽이지 않은 까닭은 무엇이냐?"

"아버지 프릭소스가 콜키스로 오시자 아이에테스왕은 맏딸 칼키오페(청동 얼굴을 가진 여자)를 주어 사위로 삼았더랍니다. 그러니까 이분이 저희 어머님이시지요. 지금은 눈물로 세월을 보내실 것입니다. 아이에테스왕도 사위를 죽일 수는 있어도 외손을 죽일 수는 없었던 모양이나, 저희는 외조부인 왕의 손에 죽임을 당한 것이나 마찬가지입니다. 아이에테스왕은 어린 양을 이리 떼 사이로 쫓고, 어린 양을 죽인 것은 이리 떼라면서 손을 씻었을 것입니다."

"그러면 나와 함께 가자. 나는 금양모피를 찾고 프릭소스의 유해를 거두어가려고 먼 길을 왔다."

이아손이 이렇게 말해놓고 보니 피네우스가 한 예언의 아귀가 들어맞는 것 같아 또 한 번 놀랐다.

"텔모돈강 하구에 이르거든 곤경에 빠진 사람을 모르는 이라고 하지 마라. 그러면 지나는 뱃사람에게 콜키스 땅이 어디냐고 묻지 않아도 될 것이다……."

피네우스의 이 예언대로 이아손은 이로써 콜키스 땅으로 가는 길을 소상하게 아는 길라잡이를 넷씩이나 얻은 셈이었다. 그러나 피네우스의 예언이 이루어진 것은 이것뿐만이 아니었다. 아르고나우타이는, 명부에서 방황하는 망령들과 그 수효가 같은 아레스섬의 새 떼를 혹은 죽이고 혹은 쫓음으로써, 헤라클레스와 휠라스와 티퓌스와 이도몬의 빈자리를 채울 대원 넷을 얻은 것이었다. 이로써,

"늙은 아비의 이빨이 빠지면 어린 자식의 이빨이 날 것"

이라던 피네우스의 예언도 이루어진 셈이었다.

콜키스 땅의 세 가지 난관

 아르고나우타이가 흑해를 벗어나 강을 거슬러 올라가다가 강가 양버들에 걸려 있는 사람의 시신을 본 것은, 파가사이 항구를 떠난 지 2년째 되는 어느 날의 일이다. 프릭소스의 아들 아르고스가 그 시신을 가리키며 말했다.

 "콜키스를 일러 '시신을 걸어두는 땅'이라고 하는데 듣지 못했습니까? 이 나라에서는 시신을 매장도 화장도 않고 슬쩍 그을린 다음에 황소 가죽에 싸서 저렇듯이 양버들 가지에 걸어둔답니다. 이 배는 지금 아이에테스의 왕궁에서 쫓겨난 저희가 쪽배를 타고 내려오던 강을 거슬러 올라가고 있습니다. 형님께서 저 뱃속이 검은 저희 외조부인 아이에테스왕을 초달할 계책을 미리 세우지 않으면 이 배 또한 빈 배로 강을 내려와야 할 것입니다."

 "나는 지혜가 모자라 험한 바다로 배를 내어 몬 사람이지 계책이 모자라 쫓겨 나온 사람이 아니네."

 프릭소스의 아들 네 형제 덕분에 아이에테스의 왕궁 앞에 아르고선을 댄 이아손은 단신으로 왕궁을 찾아 들어갔다. 헤라 여신이 안개를 풀어, 대장이 떠난 아르고선을 가려주었는데, 어찌나 잘 가렸는지 아르고선이 거기에 있는 것이 없는 것과 조금도 다르지 않았다. 그래서 그 뒤에 며칠 동안 아르고선 안에서 오르페우스가 수금을 타고 노래를 부르면 콜키스 사람들은 그 소리를 바람 타고 날아오는 천궁의 노래로 여겼으며, 아르고나우타이가 술에 취하여 방패를 두드리며 노래를 부르면 그 소리를 전쟁의 예조豫兆로 들었다고 한다.

이아손이 단신으로 들어간 아이에테스의 나라 콜키스의 도성은 더러 '아이아(에오스의 나라, 즉 새벽의 나라)'로도 불린다. 아이아가 '태양빛이 쉬는 곳에 있는 도성'에 있는 것으로 믿어지는 까닭도 여기에 있다. 하기야 헬라스 사람들이 보기에 검은 바다(흑해) 너머에 있는 나라였으니, 이 도성은 아닌 게 아니라 어둠 저 너머 멀리 동쪽에 있는 '새벽의 나라'였음 직하다.

이 아이에테스의 궁전에는 헤파이스토스가 팠다는 네 개의 샘이 있다. 주야로 우유가 솟는 우유의 샘, 사철 포도주가 솟는 포도주의 샘, 아침 저녁 향수가 괴는 향수의 샘, 수시로 더운 물이 솟는 뜨거운 샘이 이것이다. 요컨대 여느 땅에 있는 것은 다 있고, 없는 것도 고루 있는, 머나먼 동쪽에 있는 신비의 나라였다.

아이에테스는 먼 서쪽 테쌀리아의 이올코스에서 손이 왔다는 말을 듣고 마음에 걸리는 데가 있어 한다하는 위사衛士들과 한다하는 무사들을 벌리고 이아손을 맞았다. 이 자리에는 아이에테스왕을 비롯, 왕의 맏딸이자 프릭소스의 과부인 칼키오페, 왕의 둘째 딸인 아름다운 메데이아(온당하게 충고하는 여자)도 나와 있었다. 이 메데이아는 왕녀이자 헤카테 여신의 제니(祭尼)이기도 해서 요술과 기술(奇術)에 능하고 사람 보는 눈이 신통했다.

이아손이 선대의 족보를 위에서 아래로 훑어 자신의 내력을 말하고 이어서 콜키스에 온 까닭을 말하려는 순간 메데이아가 앞으로 나서면서 그의 말을 가로막았다. 이때 메데이아의 마음은 이미 이 낯선 청년 앞에서 걷잡을 수 없이 설레고 있었다.

메데이아가 그렇게 짧은 순간 이아손에게 홀딱 반하게 된 것은 아프로디테가 조화를 부렸기 때문이라고 한다. 말하자면 아프로디테가 아들 에로스로 하여금 금화살 한 개를 메데이아의 가슴에다 쏘게 했기 때문이라는 것이다. 잘 알려져 있다시피, 사랑의 신 에로스의 금화살에 맞은 신이나 인간은 눈앞에 보이는 신이나 인간에게 홀딱 반하게 되어 있다.

그러나 아프로디테가 움직인 까닭에 대해서는 두 가지 다른 설명이 있다. 한 가지는, 올륌포스에서 헤라 여신이 아테나 여신과 함께 이아손을 도울 궁리를 하다가 아프로디테 여신에게 도움을 청했다는 설명이 그것이다. 또 한 가지 설명에 따르면, 이아손이 고약한 냄새를 참고 휩시퓔레라고 하는 버림받은 렘노스의 여왕을 품어주는 것을 본 아프로디테 여신이 언제 그 상을 내리겠다고 벼르다가 바로 그때 에로스를 대동하고 콜키스로 날아가 메데이아의 가슴에다 금화살 하나를 쏘게 했다는 것이다.

어찌 되었건, 메데이아는 이아손을 죽게 해서는 안 되겠다는 생각이 들어 아버지 아이에테스에게 조언했다.

"오면서 보고 들은 것을 불려서 말하는 것은 나그네의 권리라고 합니다만 이분이 먼 곳에서 왔다고 하니 우선 더운 물과 새 옷과 음식과 술을 베풀어 쉬게 한 연후에 온 까닭을 여쭙는 것이 대접하는 도리일 듯합니다."

메데이아는 아버지 아이에테스의 성미를 잘 알고 있어서 한 말이었다. 이아손이 그 자리에서 '금양모피를 찾으러 왔다'고 해버린다면 아버지 아이에테스가 이아손을 그냥 두지 않을 것이기 때문이었다.

이아손이, 헤파이스토스가 팠다는 '테르모크레네(뜨거운 샘)'의 물로 몸을 닦은 뒤 새 클라뮈스長衣로 갈아입은 것은 마침 아이에테스 일가의 점심때였다. 메데이아는 아이에테스왕에게, 이아손을 점심상으로 불러 콜키스에 온 까닭을 물어야 하지 않겠느냐고 했다. 아이에테스왕이 '온당한 충고를 하는' 딸의 말을 좇으니, 이로써 아이에테스는 밥상을 함께한 이아손을 적어도 자기 손으로는 해칠 수가 없게 된 셈이다. 밥상을 함께한 나그네를 죽이는 일은, 제우스 대신을 섬기는 인간은 절대로 하지 않는 짓이다.

음식과 술이 몇 순배 돌자 이아손이 콜키스에 온 까닭을 말했다.

"내가, 전하의 사위가 되었다가 요절하신 프릭소스의 종질從姪이 된다는 말씀은 식전에 드렸으니 다시 하지 않겠습니다. 내 숙부 되시는 펠리아스는 휘프노스(꿈)의 현몽으로 프릭소스와 금양모피를 거두어야 한다면서, 이를 요구할 권리가 있는 나를 보냈습니다. 시신을 양버들에다 적장(吊葬)하는 이 나라 풍습을 보고, 프릭소스의 유해 역시 소가죽에 싸여 어느 나무에 매달려 있을 것으로 알았습니다. 그러니 프릭소스의 유해와 금양모피를 저에게 주시어 마땅히 있어야 할 곳에 있게 해주십시오. 프릭소스의 네 아들과, 프릭소스의 종질 되는 내가 그것을 요구하는 바입니다."

아이에테스가 이 말을 듣고 속으로,

'아뿔싸'

한 것은 이미 밥상을 마주하고 이아손을 마주 보며 술잔 몇 개를 비운 다음이었다. 아이에테스가 의로운 사람이 아니었다고 하나 자식들까지 한자리에 앉히고 고기와 술을 나눈 손님을 죽일 수는 없었다. 게다가 맏딸 칼키오페까지 그 자리에 나와 있었다. 네 아들의 생사도 모르고 있던 칼키오페는 먼 데서 온 손님이 혹 네 아들의 행방에 관한 소문이라도 듣고 온 것이 아닐까 해서 그 자리에 나와 있었던 터였다.

아이에테스는 상을 물릴 때까지 궁리하다가 상을 물리고 손을 씻고 나서 이아손의 이름을 다시 부르고는 말문을 열었다.

"그대의 조상들이 대체 안 되는 일 시키기와 안 되는 일 하기를 좋아하더니 그 후손들 또한 그렇구나. 프릭소스의 계모는 농부들에게 볶은 밀씨를 나누어주고 농사를 지으라고 했고, 프릭소스는 하늘을 나는 금양을 타고 내게 왔으니까 하는 말이다. 내가 그대에게 한 가지 물을 것이 있다. 그대의 숙부라는 펠리아스왕이 그대에게 왕위를 물려야 마땅하지 않은가?"

"나를 이렇듯이 먼 곳으로 보낸 것을 보면 내 그릇을 시험해보고 싶으셨던 게지요."

"하면, 금양모피를 그대에게 마땅히 내어주어야 하는 나도 그대의 그릇을 시험할 수 있는 것이 아닌가?"

"시험이 끝나면 죽음이 시작될 것입니다."

이아손의 대답에 아이에테스는 속으로,

'옳다구나'

하고는 오래 궁리하던 것을 말했다.

"그대도 영웅의 본을 따르고자 하는 헌헌장부이니 저 테바이의 윗대 어른 카드모스를 모르지 않을 것이다. 내게는 카드모스가 땅에다 뿌리다 남은 용의 이빨, 내가 뿌리다가 내가 남긴 용의 이빨이 있다. 이 용의 이빨을 아레스의 땅에다 뿌릴 수 있겠는가? 아레스의 땅에다 이 용의 이빨을 뿌리려면 쟁기를 아레스의 황소에 메어 이 땅을 갈아야 하는데, 그대가 할 수 있겠는가? 이 용의 이빨은 무사의 씨앗이니, 이 씨앗을 뿌리면 무사가 돋아날 것이고, 무사가 돋아나면 그대에게 싸움을 걸 것이며, 싸움을 걸면 싸워야 할 터인데 그대가 할 수 있겠는가?

내 시험이 지나치다고 여기면 여기에 있는 내 딸들에게 물어보라. 내가 한 것이니 그대도 할 수 있어야 하지 않겠는가? 그대가 금양모피를 취하자면, 지금 그 주인인 나를 넘어서야 하지 않겠는가? 나를 넘어서지 않고 금양모피를 요구하는 것은 나를 욕보이는 것이나 다를 것이 없지 않겠는가?"

이아손은 숙부인 펠리아스왕에게 대답할 때 그랬듯이 속으로,
'그러면 그렇지'
하면서도 겉으로는 태연하게 그러마고 했다.

이 '카드모스의 용 이빨'은 대체 무엇인가?

카드모스는 제우스 대신에게 납치당한 누이 에우로페를 찾으러 다니다 용 한 마리를 만나 부하들을 모조리 잃은 적이 있다. 투창의 명수이자, 가슴속에는 그 창보다 더 나은 '용기'라는 무기까지 갖추고 있던 이 용장 카드모스는 단신으로 이 용을 죽였다. 용을 죽이고는 그 엄청난 크기에 놀라고 있는데 어디에선가 이런 말소리가 들렸다.

테바이의 건설자 카드모스
이 그림에서는 용 대신 큰 뱀을 죽인 것으로 그려져 있다. 5세기의 접시 그림.

카드모스에게 조언하는 아테나 여신
테바이를 건설하는 카드모스가 이때 뿌리고 남은 용의 이빨이 이아손을 시험하는 도구가 된다. 야코프 요르단스의 그림.

"용의 이빨을 모두 뽑아 그 반을 땅에다 뿌려보아라."

카드모스가, 시키는 대로 용의 이빨을 뿌리자 흙덩어리가 꿈틀거리더니 처음에는 창날이 땅에서 솟고, 이어서 투구가 나타나고 차례로 어깨, 가슴이 나타나더니 드디어 무구 일식을 갖춘 무사들이 용의 이빨 수만큼 나타났다. 카드모스가 놀라 창을 바로잡자 그 무사들 중 하나가,

"저희 싸움에 끼어들지 마소서"

하고는 함께 흙에서 솟은 무사 하나를 찔러 죽였다. 싸움은 이렇게

시작되더니 이놈이 저놈 치고 저놈이 이놈 찌르는 살육전은 다섯 명만 남을 때까지 계속되었다. 이 남은 다섯은 잠자코 죽은 무사들을 매장한 뒤에 카드모스에게 절하고 부하로 거두어주기를 소원했다. 카드모스가 이들을 거두어 한 도시를 지으니, 이 도시가 바로 테바이다.

이때 카드모스가 뿌리다 남긴 용의 이빨이 아이에테스의 수중에 있었던 모양이다. 그러니까 아이에테스는 이아손에게 아레스의 밭을 갈아 이 이빨을 뿌리고 그 뒷갈망을 해보라고 한 것이고, 이아손

테바이의 유적
카드모스가 건설한 도시 테바이에 볼 만한 유적은 별로 남아 있지 않다. 후에 오이디푸스의 비극이 일어나는 곳도 바로 테바이다. 중세 시대에 세워진 테바이의 성벽.

은 앞뒤 재어보지도 않고 하겠다고 대답한 것이다.

　이아손은 다음 날 다시 오겠노라는 말을 남기고 아이에테스의 왕궁을 나왔다. 아이에테스는 이아손의 거처를 알아두고 싶어 부하 둘을 은밀히 보내어 그 뒤를 밟게 했다. 그러나 이아손이 헤라 여신의 안개 장막 안으로 들어가버리는 바람에 강가 갈밭만 헤매고 돌아온 이 두 부하는,

"저희가 아무리 쫓아가도 그 자와의 거리를 좁힐 수 없더이다. 그러다 갈밭 쯤에서 온데간데없이 사라졌으니, 이는 필시 여느 인간이 아니라 신 아니면 신인일 것입니다"

하고 아이에테스왕에게 보고했다.

　이날 밤 이 콜키스 땅에는 잠을 설친 사람들이 여럿 있었다. 잠을 설친 이들은 누구누구였으며, 그들이 잠을 설쳤던 까닭은 무엇일까?

　이아손은 아레스의 땅이라는 것이 무엇인지, 용의 이빨이라는 것이 무엇인지, 아레스의 땅이라는 데가 대체 어떤 곳인지, 아레스의 황소로 땅을 갈고 용의 이빨을 뿌리면 대체 어떤 일이 일어날 것인지, 그 뒷갈망을 어떻게 해야 할 것인지 이런 것들이 궁금해서 잠을 이룰 수 없었고, 알지도 못하는 일에 대처할 방안을 생각하자니 잠을 이룰 수가 없었다.

아이에테스왕은 이아손이 필경은 아레스의 황소 뿔에 떠받혀 죽거나 황소가 내뿜는 불길에 타 죽거나 용의 이빨에서 솟아난 무사들 손에 죽을 터이나, 난데없이 나타나 언 코 쥐어박듯이 금양모피의 소유권을 주장하는 이 청년에 대한 기이한 예감 때문에 잠을 쉽게 이루지 못했다.

아이에테스의 딸이자, 요절한 프릭소스의 아내인 칼키오페 역시, '프릭소스의 네 아들과 함께 금양모피를 찾으러 왔다'는 이아손의 말이, 네 아들이 살아 있다는 말로 들려 잠을 이룰 수 없었다. 네 아들이 살아 있다면 이아손의 편을 들어서 금양모피를 찾게 해주어야 하는 것이 칼키오페의 입장이었으나 이아손이 넘어야 하는 고비가 그야말로 산 첩첩 물 중중이어서 굽도 접도 못 할 것이 칼키오페의 입장이기도 했다.

그러나 이들 이상으로 잠 못 이루고 전전반측하고 있었던 사람은 바로, 얼굴을 가리고 있던 은사(銀絲) 너울 틈으로 시리오스 별같이 빛나는 이국 청년 이아손을 훔쳐보았던 이 나라의 왕녀 메데이아였다.

메데이아는 에로스(사랑)의 금화살 하나를 가슴에 맞은 탓에, 초저녁부터 눈앞을 어른거리던 이국 청년 이아손의 모습이 밤이 깊어도 눈앞에서 사라지지 않아 애를 태웠다. 메데이아가 아는 한, 아버지 아이에테스의 시험에 걸리는 그 순간은 곧 이국 청년 이아손이 죽는 순간이었다. 적어도 메데이아가 조국을 위한다는 명분을 앞세우고 수수방관하는 한 그랬다. 그러나 메데이아는 난생처음으로 만난, 이 가슴 설레게 하는 이국 청년이 자기 앞에서 죽어가는 광경을 상상할

메데이아
시련에 빠진 영웅에게는 언제나 그를 사랑하게 되는 여인이 나타나 문제 해결의 결정적 실마리를 제공한다. 마법의 약을 만드는 메데이아 뒤로 보이는 배는, 이아손이 타고 온 아르고호일까? 19세기 영국 화가 앤서니 프레더럭 샌디스의 그림.

수 없었다.

아버지 아이에테스와 이국 청년 이아손, 혹은 조국과 사랑 사이에서 고민하면서 풀어내는 메데이아의 독백을, 로마 작가 오비디우스는 우리에게 이렇듯이 생생하게 전해준다.

메데이아는 혼자 어두운 방 안을 서성거리면서 중얼거렸다.
"메데이아, 너, 저항해도 소용없다. 어느 신인지는 모르나 어느 신인가가 너의 마음을 다스리고 있다. 아, 이런 것을 사랑이라고 하는 것일까? 그렇지 않다면 아버지의 요구가 지나친 요구라고 생각될 까닭이 없지.

아니다, 지나친 요구임에 틀림없어.

그런데 만난 지 얼마 되지도 않았는데, 나는 왜 이아손의 파멸을 이다지도 두려워하는 것일까? 내가 이렇게 두려워하는 까닭이 무엇일까?

아, 이 어리석은 계집아, 네 어리석은 가슴에 붙은 불을 꺼버리면 되지 않느냐? 그렇지, 끄면 되지. 끌 수만 있다면 얼마나 나다우랴.

하지만 아무리 내가 마음을 다져 먹어도 까닭을 알 수 없는 짐이 나를 짓누르니 이 일을 어쩌지? 욕망은 나더러 이렇게 하라고 하고 이성은 나더러 저렇게 하라고 하니 이 일을 어쩌지?

어디 보자. 어느 길이 옳은 길인지 나는 알고 있다. 분명히 알고 있는데도 나는 옳지 않은 길을 따르려 하고 있다. 콜키스의 공주여, 너는 왜 이방인에 대한 사랑의 불길에 타고 있는가? 왜 이방인과의 결혼을 꿈꾸고 있는가? 이 땅에도 사랑할 만한 사람들은 얼마든지 있는데…… 이아손이 죽든 살든, 그것은 신들의 뜻이다.

그런데도 이아손을 걱정하는 것은 또 무슨 까닭일까? 하기야 사랑하는 마음이 없어도 걱정할 수는 있는 법…… 죄 없는 이아손이, 왜 그렇게 모진 고초를 겪어야 한다지? 아, 저 젊음, 저 문벌, 저 무용武勇에 반하지 않을 못난 계집도 있을까? 젊음, 문벌, 무용이 하잘것없다고 하더라도 그 언변에 반하지 않을 못난 계집도 있을까? 확실히 저 분은 내 마음을 휘저어놓았구나. 하지만 내가 도와주지 않으면 저분은 불 뿜는 황소의 숨결에 화상을 입거나, 자기 자신이 뿌린 씨앗에서 돋아날 땅의 무사들과 싸워야 한다. 요행히 이런 시련을 이겨낸다고 하더라도 저 탐욕스러운 용의 먹이가 되는 것은 피하기 어렵다. 내가 호랑이 새끼가 아닌 다음에야, 내 심장이 돌이나 쇠로 되어 있지 않은 다음에야 어찌 이것을 구경만 하고 있을 수 있단 말인가? 왜 나는 저 들판으로 가서 저분이 죽어가는 것을 보아야 하지? 왜 나는 저분과 맞서는 황소를 충동질하면 안 되고, 땅에서 돋아난 무사들과 잠들 줄 모르는 거룩한 숲의 지킴이 용을 편들면 안 되는 거지? 그래, 안 된다. 하지만 신들이시여. 저분을 도우소서. 아니다, 아니다. 기도만 하고 있을 것이 아니라 손을 써야겠다.

하면…… 나는 내 아버지의 왕국을 배반해야 하는 것이 아니냐? 다행히 내 도움에 힘입어 이 미지의 용사가 승리한다면? 승리를 얻고는 나를 버리고 떠나 다른 여자의 지아비가 되어버리고, 나 메데이아만 홀로 남아 왕국이 내게 내리는 벌을 받아야 한다면? 안 된다. 저 사람이 만일에 그런 사람이라면, 나를 버리고 다른 여자를 취할 만큼 배은망덕한 위인이라면, 파멸하게 내버려두어야 한다.

하지만 아니다. 저 용모, 저 고결한 성품, 저 참한 사람 됨됨이를 보라. 저런 사람이 나를 속일 것이라고, 내가 베푼 은혜를 잊을 것이라고 두려워할 필요는 없다. 더구나 나는 손을 쓰기 전에 저 사람으로부터 나를 배신하지 않겠다는 약속을 받아내고, 신들을 우리 약속의 증인으로 내세울 것이다. 이제 두려워할 것은 하나도 없는데 메데이아여, 왜 두려워하느냐? 이제 손을 쓸 준비나 하자. 지체해서 득 될 것이 없다. 이아손은 영원히 나에게 목숨을 빚졌다고 생각할 게다. 그는 신성한 혼인을 서약할 것이고, 온 그리스 땅 여자들은 하나같이 나를 구주救主로 칭송할 것이다.

그러면? 내 형제자매와 아버지와 신들과, 심지어는 내 모국을 버리고 바다를 건너가야 할 테지?

못 갈 게 뭐 있어? 내 아버지는 잔인한 분이고, 내 모국은 아직 미개한 나라, 내 동생은 아직 어리다. 자매들은 나를 위해서 기도할 것이고, 신들 중에서 가장 위대하신 신 헤카테 여신은 내 가슴에 계시다. 내가 이 땅에다 남겨두어야 할 것들은 모두 하찮은 것들, 내가 좇는 것들은 모두 고귀한 것들이다. 그리스 영웅을 구하는 영예, 이 땅보다 훨씬 나은 나라, 먼 바다 해변에까지 그 이름이 두루 알려진 나라에 대해 내가 얻을 새로운 견문……. 이것이 어찌 고귀한 것들이 아닐까 보냐. 그래, 그런 도시의 예술과 문화를 몸에 익히는 것이다. 이 세상의 온 금은보화를 주고도 바꿀 수 없는 이아손을 차지하는 것이다. 이아손을 지아비로 섬기면 온 세상 사람들은 나를 하늘의 사랑을 입은 여자라고 부르겠지. 내 권세가 별을 찌를 만큼 드높아질 테지. 그것은 그렇고 듣자니, 바다 한복판에서 서로 부딪치는 바위산 쉼플레가데스가 있다는데 이것은 무엇일까? 바닷물을 삼켰다가는 토해낸다는 카디스, 뱃사람들에게 공포의 대상이라는 이 카디스는 또 무엇이고, 사나운 개들에 둘러싸인 채 시켈리아의 파도 아래에서 울부짖는다는 스퀼라는 또 무엇일까? 하지만 뱃길이 아무리 험한들 어떠냐? 사랑하는 분만 믿고 따르면 만사가 형통할 테지. 이아손의 가슴에 안겨 있는데 무엇이 두려우랴. 그분의 품 안에만 있으면 두려울 것이 없다. 내게 두려운 것이 있다면 오직 그분뿐…….

하지만 메데이아, 너는 이것을 결혼이라고 부를 수가 있느냐? 너는 울림이 좋은 이 말로 네 죄를 가림할 수 있다고 여기느냐? 네가 하려는 짓이 얼마나 무서운 짓인지 아느냐? 알면, 다시 한 번 생각해보아라. 잘 생각해보고, 때가 너무 늦기 전에 사악한 길에서 비켜서거라."

이렇게 중얼거리는 메데이아의 눈앞에 '덕', '효심', '순결' 같은 것들의 환영이 나타났다. 이들에게 쫓겨 에로스는 이미 저만치 날아가고 있는 것 같았다. 메데이아의 마음이 이아손을 돕지 말자는 쪽으로 흔들리고 있는 것이었다.

메데이아는 숲속 은밀한 곳에 있는 오래된 헤카테의 신전으로 갔다. 메데이아의 마음은 이제 분명하게 정해져 있었다. 말하자면 정열은 싸늘하게 식고 사랑은 메데이아의 마음을 완전히 떠난 것이었다.

요컨대 이날 밤의 메데이아는, 적국의 장수 미노스에게 마음을 빼앗겼던 스퀼라, 적국의 왕자 테세우스에게 쏠리는 정을 다스리지 못했던 아리아드네, 적장 암피트뤼온에게 반하여 이러지도 저러지도 못하던 코마이토를 상기시킨다. 속된 말로 '조국이냐, 사랑이냐'를 놓고 이리 달고 저리 달아보는 처녀가 옛날이야기에는 심심치 않게 등장하나, 대개의 처녀들은 사랑 쪽을 무겁게 달아 '작은 사랑'을 '큰 조국'에 앞세운다. 이러한 처녀들이 보기에, 사랑에 견주면 조국 같은 것은 사소한 것에 지나지 않는다. 그래서 스퀼라가 아버지의 머리를 자르고 적국의 장수 미노스에게 성문을 열어주었듯이, 아리아드네가 테세우스에게 미궁에서 나올 비법을 일러주었듯이, 코마이토가 적장 암피트뤼온을 위하여 아버지 프테렐라오스의 '영생불사를 보증하는 금빛 터럭'을 뽑듯이, 이 콜키스 처녀도 이국 청년 이아손에게 시험에 이길 방도를 일러주기로 작정할 것인가?

메데이아가 마음을 정하지 못하고 깊은 밤에 방 안을 서성거리고 있을 때, 프릭소스의 아내이자 메데이아의 언니 되는 칼키오페가 찾아와, 이아손을 돕는 길이 곧 프릭소스의 네 아들을 돕는 길이라면서 눈물로 호소했다는 이야기가 있다. 또 프릭소스의 맏아들 아르고스가 은밀히 이 이모 되는 메데이아를 찾아와 금양모피를 찾으러 온 이아손을 돕고, 함께 이올코스로 가자고 했다는 이야기도 있다.

메데이아가 후일 독부_{毒婦}로 온 헬라스 땅에 그 이름을 떨치게 되기는 하지만, 우리는 이때 메데이아가 이아손에게 기울인 사랑의 순도_{純度}는 의심하지 않기로 하자.

하지만 메데이아에게 그때까지만 해도 이방의 영웅 이아손보다는 아버지 아이에테스가 우선이었다.

이아손의 거처인 아르고선은 헤라 여신의 안개 장막 안에 있었으니, 헤카테 여신의 제니라고는 하나 역시 인간인 메데이아의 눈에도 보이지 않았다. 메데이아가 밖으로 나섰을 때, 헤카테와는 아주 가까운 달의 여신 셀레네가 칼날 같은 얼굴을 하고 내려다보며 말했다.

"너도 이제 엔뒤미온을 사랑할 때의 내 심정을 알겠구나. 엔뒤미온을 라트모스산 동굴에 가두어놓고 내려다보던 내 마음을 알겠구나. 그러나 돌아가거라. 제 아비에게 등을 대고 이국 청년을 이롭게 한 계집의 뒤끝이 좋은 것을 나는 보지 못하였다. 뿐이냐? 내 눈에는 에로스의 금화살 맞은 네 가슴의 상처가 보이는구나."

"여신이여, 알고도 고치지 못하는 이 병이 깊습니다. 이 병을 고칠 약초가 저에게 없는 것이 아니고, 고칠 마음이 없으니 이 병이 깊습니다. 포기하는 한이 있어도 한번 만나보기나 하고 포기할 터이니 이아손이 있는 곳을 일러주세요."

"내가 새를 한 마리 보내어 이아손을 너 있는 곳으로 부르기는 하겠다만, 헤카테 여신에게 제사 드리는 일은 내가 서산으로 진 다음에 하도록 하여라. 내게는 네가 하는 일을 본 바가 없다. 그러겠느냐?"

메데이아가 그러마고 하자 셀레네는 올빼미 한 마리를 구름 장막 안에 있는 아르고선으로 날려 보냈다.

몹소스가 올빼미 우는 소리를 알아듣고 이아손을 메데이아에게 보낸 것은 달이 서산으로 넘어간 뒤였다.

이아손의 모습을 다시 보는 순간 메데이아의 마음은 달라졌다. 이아손을 다시 보는 순간 메데이아의 뺨은 붉게 물들었다가 다시 새하얗게 변했다. 흡사 얼굴에서 피가 한 방울도 남김없이 빠져나가버린 것 같았다. 꺼져 있던 정열의 불길도 되살아났다. 잿더미에 묻혀 있던 불씨가, 문득 불어온 바람에 다시 타오르면서 원래의 그 왕성한 생명력을 되찾는 것처럼, 메데이아의 식어 있던 사랑도 이 청년 앞에서 되살아나 맹렬하게 타오르는 것 같았다.

메데이아가 그렇게 보아서 그랬겠지만 이아손의 모습은 이날따라 더욱 늠름해 보였다. 그랬으니, 메데이아가 어떤 대가를 치르든 이 청년의 사랑을 얻어야겠다고 생각한 것은 당연했다. 메데이아는 이 청년을 정신없이 바라보았다. 처음 보는 것처럼 바라보았다. 메데이아의 시선은 이 청년에게서 떨어질 줄 몰랐다. 메데이아는 청년의 얼굴을 바라보면서 아무래도 여느 인간의 얼굴 같지 않다고 생각했다. 그래서 더욱 눈을 뗄 수 없었던 것이다.

메데이아는 울음을 터뜨리면서 호소했다.

"내가 무슨 짓을 하고 있는 것이지요? 내가 이러는 것은 어떻게 해야 좋은 것인지 몰라서가 아닙니다. 사랑이 나를 이렇게 만들고 있는 것이랍니다. 내가 그대의 안전을 보장하겠습니다. 그러니, 이곳에서 위업을 이루시고 돌아가시게 되거든 나와 한 약속을 잊지 말아주세요."

메데이아는 이 한마디만 남기고는 다시 제 거처로 돌아왔다.

이 메데이아는 저승에 사는 여신이면서도 이승으로의 밤 나들이가 잦은 여신 헤카테를 섬기는 제니였다. 우리가 알다시피 이 헤카테, 즉 '빛을 멀리 던지는 여신'은 달과 인연이 깊은 여신인 동시에 밤의 어둠과 공포를 상징하는 여신이며, 어두운 밤마다 대지를 두루 다니는 마법과 요술의 여신이다. 이 헤카테 여신의 모습은 개의 눈에만 보이는데 밤에 개들이 짖는 것은 다 이 때문이다.

헤카테 여신의 제니인 메데이아는 여신의 가르침을 받아 마술과

헤카테 여신
헤카테는 '멀리 있는 힘'이라는 뜻이다. 헤카테는 저승과 밀접한 관계를 맺고 있는 땅의 여신으로, 메데이아는 이 헤카테 여신을 섬겼다.

 요술을 터득하여 죽어가는 사람을 살리는 약, 산 사람을 죽이는 약도 능히 만들어낸다. 메데이아의 방에는 그래서 '늪에 사는 수사水蛇 토막, 도롱뇽 눈깔, 개구리 발가락, 박쥐 털, 개 혓바닥, 살무사 혀, 도마뱀 독니, 올빼미 깃털, 주린 상어 밥통, 한밤중에 캔 독미나리' 등 없는 것이 없다.
 이날 밤에 메데이아는 특별히, 제우스의 독수리가 프로메테우스의 간을 파먹던 시절, 그 피로 자랐다는 '프로메테우스의 약초'를 꺼내어 고약으로 만들고, 에리스(불화)가 가지고 다니다가 속에는 독을 품고 겉으로만 의좋게 사는 척하는 인간들 사이에다 던진다는 돌 하나를 집었다. 메데이아는 이 고약과 돌을 품 안에 간직하고, 머리카락을 한 줌 잘라 침상 위에 놓고는 어둠 속으로 나서 다시 이아손을 만났다.

메데이아는 이아손의 피를 조금 뽑고, 그 피에다 고약을 개어 등에다 발라준 뒤, 아버지 아이에테스왕의 시험에 나설 방도를 이렇게 일러주었다.

"이 고약을 몸에 바르셨으니, 오늘 하루 동안은 구리 용로(鎔爐)에 들어간다고 하더라도 화상을 입지 않을 것인즉, 날이 새면 제가 이 고약을 마련한 까닭을 아실 것입니다. 이 라이스(돌)는 '불화의 돌'이니, 이 돌을 던지면 아레스의 땅에서 나온 라오이(인간들)가 저희끼리 싸울 것인즉, 불 뿜는 아레스의 황소로 아레스의 밭을 갈고 용의 이빨을 뿌리면 제가 이 돌을 마련한 까닭을 아실 것입니다. 이 시험을 이기시거든 한시도 지체하지 마시고 파시스강 상류로 올라가세요. 아버지의 군사가 뒤쫓을지도 모릅니다."

"내게는 살같이 빠른 배가 있고 범같이 용맹한 장수들이 있소. 내가 먼저 그대 아버지를 치지는 않을 것이나 내 앞길을 막거나 내 뒤를 쫓는다면 내게 그냥 있을 까닭이 없소."

"그러나 배가 있고 군사가 있어도 파시스강 상류의 성림(聖林)에는 홀로 가셔야 합니다. 상류의 성림으로 들어가시다가 번룡(番龍)이 앞을 막아서거든 거기가 금양모피 있는 곳인 줄 아소서. 이 번룡은 저 서극(西極)의 나라에서 황금 사과를 지키는 라돈과 같아서 쉽게는 길을 내어주지 않습니다. 그러니 싸우셔야 합니다. 싸우시되 홀로 싸우셔야 합니다. 부왕께서 단신으로 싸워 조복시킨 뒤 성림으로 끌어

마법의 약을 섞는 메데이아와 이아손
이국의 왕자 이아손에게 반한 메데이아는 약을 만들어 이아손에게 발라주고, 금양모피를 얻을 수 있는 방법까지 일러준다. 존 윌리엄 워터하우스의 그림.

다 놓으신 번룡이니, 영웅께서 이 번룡을 이기지 못하신다면 결단코 부왕께서 걸어두신 금양모피를 취할 수 없습니다. 이 번룡과의 싸움 끝을 제가 알지 못하듯이, 아비에게 등을 돌린 이 불효한 자식의 앞날도 저는 알지 못합니다. 제 가늠이 옳아서 모든 시험을 이기시고 금양모피를 거두시더라도 이를 제 공으로 여기지 마시고 영웅께서 이루신 공업功業으로 아소서."

"이올코스의 왕비가 될 메데이아여, 내가 금양모피를 거두어 올 때 그대는 내가 타고 온 아르고선에 있을 것이오."

이아손과 메데이아가 사랑하는 마음을 서로 이기지 못하여, 이아손은 저 렘노스 여왕 휩시퓔레가 정표로 준 망토를 마음속으로 불태우고, 메데이아는 이국 청년 앞에서 사랑하는 마음을 불태우는데 날이 밝았다.

이아손은 메데이아를 아르고선으로 데려가 대원들에게 '장차 이올코스의 왕비'가 될 콜키스 왕의 딸을 현신現身하게 했다.

해가 뜨자 이아손은 대원의 반은 아르고선에 남겨두고, 메데이아가 준 불화의 돌을 품 안에 넣은 다음 대원의 반을 거느리고 아이에테스를 찾아갔다. 아이에테스는 이미 '아레스 땅'이라고 불리는 궁전 앞 공터에 나와 기치창검을 벌리고 이아손을 기다리고 있었다. 왕좌

앞에는, 굵기가 팔뚝만 한 쇠오리로 짜고 밑에 바퀴를 단 쇠우리가 놓여 있었다. 쇠우리 안에는 '아레스의 황소'가, 쇠우리 앞에는 자부지가 실장정의 두 길이 됨 직한 쟁기가 한 틀 놓여 있었다.

이아손이 왕국의 군사 반대편에다 무장한 아르고나우타이를 벌리자 아이에테스가 입을 열었다.

이아손과 메데이아
이아손은 자신을 도와준 메데이아에게 그녀를 이올코스의 왕비로 삼겠다고 약속한다. 귀스타브 모로의 그림.

"내 나라에 그대의 배나 그대의 군사를 본 사람이 없는데 오늘 이렇듯이 군사를 벌리는 것을 보니 그대가 예사로운 인간이 아닌 것은 분명하다. 그러나 저 황소 또한 예사롭지 않을 것이니 이제 저 황소에 쟁기를 채워 그대가 딛고 있는 땅을 갈아보라."

이아손이 황소를 끌어내리려고 쇠우리 앞에 다가가서 보니, 황소는 쇠우리 창살을 빨갛게 달굴 만큼 뜨거운 콧김을 내뿜고 있었다. 이름이 '아레스의 황소'였으니 당연할 테지만 인육을 먹되 그것도 콧김으로 구워서 먹는다는 이 황소는 눈이 떠오르는 태양같이 붉고, 발굽은 녹슨 청동 발굽이라 이아손을 보고 발을 구를 때마다 쇠우리뿐만 아니라 앞에 놓인 쟁기까지 들썩거렸다.

이아손은 그 벌겋게 달아오른 쇠우리를 열고 황소의 쇠코뚜레를 잡아 밖으로 끌어내었다. 벌겋게 달아오른 쇠우리를 여는데도 이아손의 손이 타지 않고 황소의 콧김에 쐬었는데도 이아손의 머리카락이 그을리지 않자 산허리에 구름같이 모여 있던 콜키스 사람들이 수군거리기 시작했다. 아이에테스왕도 자리에서 벌떡 일어섰다.

아레스의 황소가 우리에서 끌려 나와 코뚜레를 잡힌 채 식식거리자 아레스의 땅에 난 풀밭에서 불길이 일었다. 황소의 목에서는 용로에서 쇠물 끓는 소리가 났고, 황소의 입에서는 물먹은 생석회에서 나오는 것과 비슷한 콧김이 뿜어져 나왔다.

이아손은 입으로는 부드러운 말로 황소를 어르면서도 손으로는 그 뿔을 하나 부러뜨려 황소의 기를 죽인 뒤에 황소 목에다 봇줄과 뱃대끈을 채우고 쟁기를 일으켜 세웠다. 옛 시인의 말마따나 '콜키스 사람들은 아연실색했고 아르고나우타이는 환호작약했다'.

이어서 이아손은 한 손으로 쟁기 손잡이를 들어 보습을 '아레스의 땅'에다 박고 한 손으로는 대원 중 하나가 건네주는 창을 받아 창 자루로 황소의 엉덩이를 철썩 때렸다. 황소는 콧구멍으로 불길을 뿜어 아레스의 땅에 돋아난 잡초를 태우며 나아갔다. 쟁기가 어찌나 무거운지, 이아손이 힘들여 쟁기의 한마루를 잡아 누르지 않는데도 아레스 땅은 무릎이 빠질 만큼 깊이 파였다.

이아손이 여남은 고랑 갈아엎은 뒤 황소는 쟁기에서 풀어내어 다시 우리에 가두고 쟁기는 떼어 한 손으로 10여 보 거리 밖으로 던진

아레스의 황소
전쟁신 아레스의 이름을 딴 황소답게 거칠고 포악하다. 하지만 메데이아가 발라준 고약 덕분에 이아손은 상처 하나 없이 황소를 제압한다. 18세기 프랑스 화가 장 프랑수아 드 트루아의 그림.

뒤, 아이에테스왕 앞으로 다가갔다. 아이에테스왕은, 이아손의 머리털 한 올 불길에 그을리지 않은 것을 보고는 군사를 불러 창이 숲이 되게 앞을 막아서게 했다.

"이제 황소에 쟁기를 메어 밭을 갈았으니 용의 이빨이라는 것을 내어주시오. 대지를 갈아엎었으니 마땅히 곡물의 씨를 뿌려야 할 일이나, 나는 대왕의 명으로 용의 이빨을 뿌리는 것이니 데메테르 여신의 화가 미친다면 대왕께 미칠 것이오."

아이에테스왕은 이아손을 가까이 오게 하기가 두려웠던지 양피 자루를 하나 이아손에게 던졌다. 이아손이 열어보니 용의 이빨이라는 것이 크기가 황소의 턱뼈만 한 허연 뼈 덩어리였다. 이아손은 '용의 이빨'이 든 자루를 받아, 갈아엎은 땅에 고루 뿌리고는, 아이에테스왕이 시키는 대로 발로 흙을 걷어 '용의 이빨'을 모두 묻었다.

참으로 놀라운 일이 일어났다. '아레스의 땅'에서 창날과 칼날이 글라디올러스 잎같이 솟아오르더니, 연하여 투구가 솟고, 무사의 머리가 불쑥 솟아올라왔다. 반 자루나 되는 '용의 이빨'을 뿌렸으니 당연한 터이거니와 솟아오르는 무사의 수는 한둘도 아니었다. 열 스물도 아니었다. 가죽신이 보일 만큼 솟아오른 무사들은 몸을 흔들어 흙을 털고는 대열을 정비하여 이아손 쪽을 향해 창칼을 겨누기 시작했다.

이아손은 대원 중에 있던 아이탈리데스로부터 칼과 방패를 낚아채려다가 메데이아로부터 들은 말이 있어, 품속에 간직하고 있던 '불화의 돌'을 꺼내어 무사들 무리 한가운데로 던졌다.

"누가 돌을 던졌느냐? 누가 라오이(인간들)를 향하여 라아스(돌)를 던졌느냐?"

무사 하나가 소리쳤다.

"누가 리아스에서 나온 라오이에게 또 이렇듯이 라아스를 던지는 것이냐?"

다른 무사가 반문했다.

"누가 던졌느냐?"

"누가 던졌느냐?"

무사들은 저희끼리 묻고 되묻고 하다가 저희끼리 창칼부림을 하기 시작했다. 편이 갈린 것도 아니었다. 그저 닥치는 대로 이놈이 저놈을 베고 저놈이 이놈을 찌를 뿐이었다. 모두 방패를 들고 있었으나, 등을 대고 있던 놈이 돌아서서 베고 치는데 방패는 무용지물이었다. 오래지 않아, 영문을 모르는 콜키스 사람들과 아르고나우타이가 여전히 눈을 의심하고 있는 사이에 무사들은 마지막 하나만 남기고 모두 쓰러졌다. 이아손이 갈아놓은 이랑으로 무사들이 흘린 피가 내를 이루며 흐르기 시작했다.

이아손이 아이탈리데스로부터 칼을 받아 들고 달려가 하나 남은 무사의 목을 찔렀다. 무사는 이 말 한마디 남기고 숨을 거두었다.

"흙에서 나서 흙으로 간다. 누가 돌을 던졌느냐?"

흙에서 무사들이 솟아오른 것보다 더 괴이한 것은, 이들의 시신이 마지막 무사가 쓰러지는 것과 거의 동시에 흔적도 없이 사라졌다는 것이다.

아이에테스왕은 마음속으로는 이아손에게서 느꼈던 예감이 적중한 데 몹시 당혹해하면서도 겉으로는 이아손의 승리를 찬양했다. 왕은 그날 밤에 큰 잔치를 베풀고 아르고나우타이를 모두 그 자리로 불렀다. 그러나 이아손은 그 잔치 자리에 나타나지 않았다. 이아손은 이미 파시스강 상류로 올라간 뒤였다.

아이에테스가 잔치를 베푼 것은 아르고나우타이의 승리를 진심으로 축하하고 싶어서가 아니었다. 그에게는 하나의 복안이 있었다. 아르고나우타이에게 술을 먹이고, 술에 취하면 그중의 한둘을 구슬려 그들이 타고 온 아르고선 있는 곳을 알아낸 다음 군사들을 보내어 아르고선을 태워버린다는 복안이었다.

그러나 아이에테스는 그 뜻을 이루지 못했다. 아내 에우륄뤼테가 나이에 걸맞지 않게 침실로 끌어들여 새벽이 될 때까지 놓아주지 않았기 때문이다. 아르고나우타이가 렘노스섬 과부들에게 사랑을 베풀어준 이래 이들의 편이 되었던 아프로디테가 이 에우륄뤼테에게, 서방의 사랑이 아니고는 꺼지지 않는 애욕의 불을 질렀던 것이다. 부하들에게 화봉火棒을 들려 아르고선으로 보내어야 할 아이에테스왕이 술에 취하여 아내를 품고 있는 바람에 아르고선은 무사할 수가 있었다.

이아손은 메데이아가 시킨 대로, '아레스의 땅'에서의 시험에 급제하자, 살며시 대원들에게서 벗어나 파시스강을 따라 올라갔다. 이 강 상류에는 콜키스 사람들이 '성림'이라고 부르는 '아레스의 숲'이 있었다. 이아손이 들어가기까지, 아이에테스왕을 제하고는 이 숲으로

번룡의 입속에 있는 이아손
뒤로 보이는 나무에는 금양모피가 걸려 있고, 이아손 앞에는 아테나 여신이 서 있다. 기원전 5세기에 그리스의 병에 그려진 그림. 로마 바티칸 박물관.

들어간 사람이 없었다.

 과연 메데이아의 말대로 숲을 지키는 한 마리 번룡이 입을 벌리고 앞을 가로막는데 그 입이 어찌나 큰지 이아손이 허리를 구부리지 않고도 뛰어들 만했다. 이아손은 실제로 칼을 뽑아 들고 이 용의 입속으로 '뛰어들었다'.

 이아손이 밖에서 용을 대적하지 않고 그 입속으로 뛰어든 것이 기이해 보인다. 그러나 이것은 우리가 처음 듣는 이야기는 아니다. 헤라클레스 역시 거룡巨龍의 입을 통하여 그 뱃속으로 들어갔다가 사흘 만에 나오지 않았던가. 후세 사람들은 이러한 괴어怪魚나 번룡의 입을 저승의 문으로 푼다. 신인이나 영웅이나 초인이 이러한 괴어나 번룡의 뱃속에 들어갔다가 살아 나오는 것을 두고 '죽음의 체험'이니 '죽음의 정복'이니 하는 것도 다 이러한 괴물의 입을 죽음의 문,

금양모피를 지키는 용에게 다가가는 이아손

금양모피를 지키는 용이 다가오는 이아손을 무서운 눈으로 노려보고 있다. 『탱글우드 이야기』의 삽화.

금양모피를 내리는 이아손

이 그림에서는 용 대신 뱀이 금양모피를 지키고 있다.

저승의 문이라고 보기 때문이다.

　지금도 전해지는 옛 그림을 보면, 이아손은 이 변룡의 입안에 든 채 턱밑으로 바닷말처럼 축 늘어져 있는데, 이 늘어져 있는 모습은 그 뒤의 떡갈나무에 걸려 있는 금양모피와 아주 비슷하다. 그리고 그 변룡의 입 앞에는 한 손에 올빼미를 들고 아테나 여신이 서 있다. 우리가 알다시피, 어둠을 뚫어볼 수 있는 올빼미는 부엉이와 함께 아테나 여신의 신조神鳥 노릇을 한다. 그래서 후세 사람들은 이 그림을 일러 죽음과 영광과, 전쟁신 아레스와 지혜의 여신 아테나, 금양모피가 아니라 자신을 찾아 나선 이아손과, 어둠을 뚫어보는 아테나 여신의 신조 올빼미가 한자리에 얽히고설켜 있는 절묘한 그림이라고 말한다.

　이아손 이야기는 사연이 길고 곡절이 험하였음에도 불구하고 '이아손은 그 금양모피를 떡갈나무에서 벗겨 들고 아르고선에 올랐다'는 짤막한 말 한마디로 끝난다.
　듣기에 따라서는 싱겁게도 들리고 그 뜻이 무섭게도 들리는 이 이야기의 결말을 두고, 이 이야기를 짤막하게 전한 시인 오비디우스는 노래하고 있다.

금양모피 역시

손에 넣는 수고에 비기면 하찮은 것.

그럴 수밖에. 이아손이 찾아다닌 것이 실은 '금양모피'가 아니었으니.

마침내 금양모피를 손에 넣은 이아손
메데이아의 도움으로 이아손은 금양모피를 얻어 그리스로 돌아간다.

9장
항해의 뒷모습

이아손과 메데이아

 이아손은 금양모피라고 하는 귀한 물건과, 그 귀한 물건을 손에 넣는 데 큰 힘이 되어주었던 아름다운 처녀 메데이아와 함께 고향 이올코스 항구로 금의환향할 수 있었다. 메데이아가 없었더라면 이아손의 아르고 원정대는 콜키스 왕과의 무서운 전쟁에 휘말렸을 터였다. 하지만 메데이아는 아름다운 만큼이나 잔인했다.
 콜키스를 떠날 당시 아르고선에는 메데이아의 동생 압쉬르토스가 실려 있었다. 메데이아가, 혹 있을지도 모르는 아버지 군대의 추격을 따돌리기 위해 실어놓은 인질이었다. 메데이아가 예측했던 대로 콜키스 왕은 군선이라는 군선은 다 모아들여 아르고선을 추격했다. 메데이아는 동생 압쉬르토스를 죽이고 그 시신을 토막 내어 바다에 버렸다. 콜키스 왕이 막내아들의 시신을 모아 장례를 치를 동안 아르고 원정대는 무사히 북방의 콜키스 해안을 빠져나올 수 있었다. 그 뒤로 뱃길은 순탄했다.

이야기는 여기에서 끝나지 않는다. 이아손에게는 행방을 알 수 없는 아버지 아이손이 있고, 되찾아야 할 나라가 있다. 숙부 펠리아스에 대한 복수도 이아손이 마침내 해내야 할 숙제다.

 그러나 지금부터 이야기는 메데이아를 중심으로 가파르게 전개된다. 이아손의 역할은 금양모피를 찾는 데서 사실상 끝난다. '이아손이 찾아다닌 것이 실은 금양모피가 아니었다'고 한 오비디우스의 말에 주목할 필요가 있다. 금양모피는, '모노산달로스(외짝 가죽신의 사

아르고호의 메데이아
메데이아의 도움으로 금양모피를 가지고 콜키스를 떠나는 아르고 원정대. 이제 주인공은 메데이아가 된다. 허버트 제임스 드레이퍼의 그림.

나이)'였던 이아손이 모험과 탐색의 여행 끝에 마침내 되찾은 한 짝의 가죽신인지도 모른다. 금양모피 이야기는 끝났지만 오비디우스의 이야기는 메데이아를 그 주인공으로 삼아 이렇게 진행된다.

이올코스 어머니들은 아들들이 무사히 돌아오게 한 것을 고맙게 여겨 신들께 감사의 제물을 넉넉하게 바쳤다. 금의환향한 영웅들의 아버지들도 신들의 제단 성화에다 향을 산더미같이 쌓아 사르고, 신들께 약속했던 대로 황소 뿔에다 황금 띠를 두르고는 제물로 잡아 바쳤다. 영웅이 되어 귀향한 이아손이 찾아낸 아버지 아이손은, 아들이 나라를 떠나 있던 세월 동안 살갗이 떡갈나무 껍질 같아 보일 정도로 늙어 있었다. 늙고 병들어 세상 하직할 날만 기다리고 있던 아버지 모습을 한스러운 눈으로 바라보고 있던 이아손이 어느 날, 이미 아내가 되어 있던 메데이아에게 이런 말을 했다.

"내 아내 메데이아. 내가 오늘 같은 영화를 누리는 것은 다 그대 덕분이오. 그대는 내게 모든 것을 베풀었으니 나는 그대가 베푼 은혜 헤아릴 길이 없소. 나는 그대의 힘을 알아요. 그대의 마법을 알아요. 세상에 그대의 마법으로 할 수 없는 일이 어디에 있으리오. 이제 내 수명에서 몇 년을 빼어 내 아버지 수명에다 보태어준다면 내가 더 무엇을 바라겠소?"

이아손은 이 말을 하면서 눈물을 주르륵 흘렸다. 메데이아는 지아비의 지극한 효성에 마음이 아팠다. 아버지 아이에테스를 배신하고 떠나온 자신의 경우와는 달라도 너무 달라서 그랬을 것이다.

그러나 메데이아는 그런 내색을 하지 않고 짐짓 정색을 하고 말했다.

아르고 원정대의 귀환
금양모피를 찾아오는 아르고호도 금빛으로 빛난다. 귀스타브 모로의 그림.

"그렇게 무리한 말씀이 어디에 있어요? 한 사람의 수명에서 몇 년을 빼어 다른 사람에게 보태라니요? 헤카테 여신께서도 그런 것은 허락하시지 않습니다. 그대에게 무슨 권리가 있어서 내게 이런 무리한 요구를 하시는지요? 하지만 사랑하는 이아손 님이시여, 나는 그대가 바라는 것보다 더 나은 것을 드리렵니다. 세 얼굴을 지니신 여신께서 나를 도와주신다면, 내가 하려는 일을 어여쁘게 보아주신다면, 그대 수명에서 빼지 않고도 아버님의 젊음을 되찾아드릴 수 있을지도 모릅니다."

'세 얼굴을 지니신 여신'이 누구인가? 헤카테 여신이다. 차고, 기울고, 이우는 달과 아주 깊은 관계가 있는 헤카테 여신이다.

메데이아가 이아손에게 이런 말을 한 것은, 달의 양쪽에 솟아난 두 개의 뿔이 만나 보름달이 되려면 사흘이 남아 있을 때의 일이었다.

사흘이 지나 이윽고 달이 그 둥근 얼굴로 온 세상을 내려다보게 된 날 밤, 메데이아는 발밑까지 치렁치렁 늘어지는 옷차림에 머리는 풀어 어깨 위로 늘어뜨린 채 맨발로 집을 나왔다. 메데이아는 한밤의 적막 속을 홀로 걸어 혼자만 아는 곳으로 갔다. 새도, 짐승도, 사람도 모두 잠든 시각이었다. 산울타리 속에서도 바스락거리는 소리 하나 들려오지 않았다. 나뭇잎은 그저 가만히 매달려 있었다. 밤안개 속을 흐르는 것은 적막뿐이었다. 자지 않는 별만 하늘에서 빛나고 있었다.

별들이 빛나는 하늘을 향하여 두 팔을 들고 메데이아는 그 자리에서 세 바퀴 돌고, 저승의 강에서 길어 온 물을 세 방울 머리에 뿌린

펠리아스와 이아손
숙부 펠리아스 왕 앞에 나선 이아손. 이아손은 금양모피를 찾아온 덕분에 펠리아스에게 빼앗겼던 나라를 되찾는다. 펠리아스 곁에는 두 딸이 함께 서 있다. 1세기 로마 벽화.

다음 세 번 하늘을 향해 외마디 소리를 질렀다. 그런 다음 메데이아는 굳은 땅에 무릎을 꿇고 기도했다.

"오, 저의 비밀을 빈 데 없이 어둠으로 가려주시는 밤의 신이시여, 달과 함께 태양빛을 계승하시는 금빛 별의 신들이시여, 제가 하는 일을 속속들이 굽어보시고 저를 도우시어 마법을 쓰게 하시고 주문을 읊게 하시는, 세 얼굴을 지니신 헤카테 여신이시여, 마법사의 영험한 약초를 품어 기르시는 대지의 여신이시여, 대기의 신이시여, 바람의 신들이시여, 산의 신들이시여, 강의 신들이시여, 호수의 신들이시여, 숲의 정령들, 밤의 정령들이시여. 저 있는 곳으로 오셔서 저를 도우소서. 도우시면 능히 흐르는 강의 물길을 돌리고 그 근원으로 거꾸로 흐르게 하여 둑을 놀라게 하고, 노래로 성난 바다를 달래고, 잔잔하던 바다를 노호하게 해 보이겠나이다. 주문과 마법으로 구름을 모으고, 모은 구름을 흩고, 바람을 부르고, 부른 바람을 잠재우고, 배암의 아가리를 찢어 보이겠나이다.

저를 도우소서. 도우시면 살아 있는 바위와 나무의 뿌리를 뽑고, 대지에 뿌리박고 있는 참나무도 온 숲째 뽑아 보이겠나이다. 저를 도우소서, 도우시면 산들을 떨게 하고, 대지를 울리게 하고, 망령이 그 무덤에서 솟아오르게 해 보이겠나이다. 저를 도우소서. 구리 바라를 울리면 달에 드리워진 그림자가 사라진다고 합니다만 저를 도와주시면 구리 바라가 아무리 우렁차게 울려도 저 셀레네 여신을 하늘에서 사라지게 해 보이겠나이다.

저를 도우시면, 제 노래에 태양 수레도 그 빛을 잃을 것이요, 제 마법에 새벽의 여신 에오스도 그 빛을 잃을 것입니다. 저를 대신하여 불 뿜는 황소의 숨결을 누그러뜨리시고, 어떤 고삐에도 묶여본 적이 없는 황소로 하여금 그 쟁기를 끌게 하신 분들도 신들이십니다. 신들께서는 왕 뱀의 이빨에서 돋아난 무사들 사이에 자중지란이 일게 하시고, 한 번도 잠을 자본 적이 없는 용의 눈을 감기시어 영웅으로 하여금 금양모피를 벗겨 무사히 그리스 땅으로 돌아오게 하셨습니다. 이제 저에게는 한 노인의 젊음을 되찾아줄 기적의 약이 필요합니다. 저의 원을 들어주소서. 들어주시려거든 그 표적으로 별이 유난히 반짝이게 하시고, 날개 달린 용이 끄는 수레가 제 앞에 당도하게 하소서."

메데이아가 이렇게 기도하자 정말 하늘에서 날개 달린 용이 끄는 수레가 날아 내려와 메데이아 앞에 멈추었다. 이 수레에 오른 메데이아는 수레를 끄는 비룡의 목을 쓰다듬고는 목 위에 얹힌 고삐를 가볍게 챘다. 그러자 비룡은 수레를 끌고 하늘로 날아올랐다.

메데이아의 눈에는 순식간에 테쌀리아의 템페 계곡이 저만치 아래로 보였다. 메데이아는 이 수레를 미리 목표로 정해둔 곳으로 몰았다. 먼저 오싸산, 험한 펠리온산, 오트뤼스산, 핀도스산, 이들 산보다는 훨씬 높은 올륌포스산의 약초를 일일이 둘러보고는 필요에 따라 어떤 것은 뿌리째 뽑고, 어떤 것은 날이 넓은 칼로 대궁이를 베었다.

용이 끄는 수레를 탄 메데이아
날개 달린 비룡이 끄는 수레를 탄 메데이아는 이아손에게 젊음을 되찾아줄 온갖 약초를 구해온다. 그림은 메데이아가 두 아들을 죽이고 태양신이 보낸 수레를 타고 도망치는 장면이다. 기원전 5세기의 화병.

메데이아는 아피다노스강 가에서도 약간의 약초를 거두었고, 암프뤼소스강 가에서는 많은 약초를 취했다. 에니페우스강 가에도 메데이아에게 필요한 약초가 있었다. 페네이오스강, 스페르케오스강도 메데이아를 도와주었고, 보이베강의 갈대 우거진 둑도 메데이아에게 요긴한 약초를 대어주었다. 메데이아는 에우보이아섬 맞은편에 있는 안테돈에서 장수에 효험이 있는 약초도 거두었다.

메데이아는 아흐레 밤낮을 비룡이 끄는 수레를 타고 방방곡곡을 다니며 약초를 모아들였다. 메데이아가 궁궐로 돌아온 것은 열흘째 되는 날이었다. 수레를 끌던 비룡들은 메데이아가 모아들인 약초의 냄새를 맡았을 뿐인데도, 온몸에 나 있던 주름살이 다 펴졌다. 메데이아는 떠난 자리에 이르고도 안으로는 들어가지 않고 문밖에서 머물렀다.

메데이아는 남성의 접근을 물리치고 뗏장을 떠서 문밖에다 두 기(基)의 제단을 쌓았다. 오른쪽 제단은 헤카테 여신에게 바치는 제단, 왼쪽 제단은 청춘의 수호 여신 헤베에게 바치는 제단이었다. 메데이아는 제단 위에다 숲에서 걷어 온 덩굴을 걸고, 그 옆에 구덩이를 두 개 파고는, 제물을 장만하기 위해 검은 양을 한 마리 끌어다 칼로 그 목을 땄다. 이어서 이 구덩이를 검은 양의 피로 채운 메데이아는, 그 위에다 포도주 한 잔씩과 더운 우유 한 잔씩을 더 부은 다음 주문을 외어 대지의 정령들을 부르고, 저승 세계의 왕과, 이 왕의 손에 납치당하여 저승으로 갔던 왕비를 불러, 노인 아이손의 혼을 불러가는 일은 당분간 유예해달라고 기도했다.

메데이아는 자기의 기나긴 기도에 신들이 응답하자 이아손에게, 아버지 아이손의 늙고 병든 육신을 밖으로 모셔내어다 달라고 말했다. 아이손이 들것에 실려 밖으로 나오자 메데이아는 이 노인을 약초로 짠 자리에 눕히고 마법으로 잠에 빠져들게 했다. 마법을 건 지 오래지 않아 아이손은 죽음같이 깊은 잠에 빠져들었다.

 준비가 끝나자 메데이아는 이아손과 신하들을 그 자리에서 물리쳤다. 거룩함을 얻지 못한 인간은 제니가 베푸는, 신들에 대한 제사를 엿보아서는 안 된다는 것이 그 이유였다.

 사람들이 물러가자 메데이아는 머리를 풀고 디오뉘소스 신의 제니처럼 제단 주위를 돌기 시작했다. 한동안을 그렇게 돌던 메데이아는 가느다란 횃대를 구덩이의 검은 피에 담갔다가 이 횃대에 불을 붙여 제단에다 옮겨 붙이고는, 노인의 몸을 불로 세 번, 물로 세 번, 유황으로 세 번 닦았다. 그동안 메데이아가 불 위에 올린 가마솥에서는 약초 즙이 흰 거품을 내며 부글부글 끓고 있었다.

 메데이아는 여기에다, 하이모니아 계곡에서 거두어 온 약초의 뿌리와 종자와 꽃과 즙을 넣고, 또 극동極東에서 가져온 돌, 오케아노스(대양)의 파도에 씻긴 자갈, 보름 달밤에 내린 이슬, 부엉이 고기와 날개, 인간으로 둔갑할 수 있다고 믿어지던 이리의 내장을 넣었다. 메데이아는 또 키뉘프스의 시내에 산다는 물뱀의 비늘, 장수하는 짐승으로 유명한 노루의 간장, 270년 묵은 까마귀 대가리와 부리를 넣는 것도 잊지 않았다. 미개한 나라 콜키스에서 온 공주는, 인간의 힘으로는 도저히 불가능한 이 일을 이루기 위해 이름을 알 수 없는 수백

아이손을 젊게 만드는 메데이아
메데이아의 마법으로 깊은 잠에 빠진 아이손이 바닥에 누워 있고, 왼쪽의 제단 위에는 제물들이 올려져 있다. 18세기 이탈리아 화가 코라도 자퀸토의 그림. 뉴욕 메트로폴리탄 미술관.

가지의 약재를 더 넣었다.

메데이아는 이 약을, 오래전에 열매 달린 나무에서 꺾어 온 감람나무 막대기로 고루 천천히 저었다. 메데이아가 이 뜨거운 약을 젓고 또 젓자 희한하게도 감람나무 막대기가 파랗게 변하더니, 잠시 후에는 잎으로 뒤덮였고, 또 잠시 후에는 열매가 열렸다. 불길이 세어서 그런지 가마솥 가장자리로는 약이 넘쳐 그 옆의 땅바닥으로 흘러내렸다. 그러자 약이 스머든 땅이 파랗게 변하면서 여기에서는 곧 풀이 돋았고 이 풀에 서는 꽃이 피었다.

메데이아는 칼을 뽑아 노인의 목을 땄다. 메데이아는 이로써 아이손 노인을 죽이는 것 같았지만 죽인 것이 아니었다. 메데이아는 노인의 몸에서 늙은 피를 깡그리 뽑아내고 칼로 딴 자리와 입으로 약을 부어 넣었다.

약이 들어간 지 오래지 않아 그의 하얗던 수염이 그 흰빛을 잃더니 곧 검어지기 시작했다. 이어서 그 늙은 몸에서 보기에 거북하던 모습이 사라지면서, 살빛이 되살아났다. 주름살이 덮여 있던 그의 살갗은 다시 근육으로 부풀어 올랐고, 그의 사지는 늘어나면서 힘줄이 불거지기 시작했다. 노인은 달라진 자기 모습을 보고는 놀라움을 감추지 못했다. 이렇게 해서 그는 40년 전의 자기 모습을 다시 볼 수 있었다.

메데이아의 마법이 여기에서 끝난 것은 아니다.

메데이아는 그때까지도 나라를 이아손에게 넘기지 않고 있던 펠리아스의 궁전으로 갔다. 메데이아는 펠리아스왕에게 이렇게 하소연했다.

"이아손과 다투었습니다만 이것은 예사 부부싸움이 아닙니다. 이아손이 저를 죽이려고 하니 제발 저를 좀 숨겨주십시오."

"나는 늙은 몸인지라 범 같은 장사로 큰 이아손으로부터 너를 지켜줄 수가 없다. 그러니 내 딸들에게 부탁해보아라."

펠리아스는 이렇게 대답했다.

메데이아는 펠리아스의 딸들을 찾아갔다. 딸들은 아버지를 대신해서 메데이아에게 숨어 살 만한 거처를 베풀어주었다. 메데이아는 이들의 환심을 사려고 애썼다. 능수능란한 마법사 메데이아에게, 그런 처녀들의 환심을 사는 것은 그리 어려운 일이 아니었다.

일단 이들의 환심을 산 메데이아는, 자기가 시아버지 아이손을 청

펠리아스의 두 딸과 메데이아
펠리아스의 두 딸은, 메데이아가 마법의 약으로 아이손을 청년으로 되돌려놓은 이야기를 들려주자 펠리아스의 젊음도 되찾아달라고 애원한다. 기원전 2세기 그리스 대리석 돋을새김 복제품.

년으로 되돌려놓은 이야기를 들려주었다. 펠리아스의 딸들이 이 이야기를 듣고, 메데이아에게 잘만 청을 넣으면 자기 아버지 펠리아스도 청춘을 되찾을 수 있겠구나, 이런 생각을 하게 된 것은 당연하다.

펠리아스의 딸들은 메데이아에게, 같은 방법으로 자기네들의 아버지도 젊음을 되찾게 해달라고 애원하면서 아무리 값이 많이 들어도 기꺼이 치르겠다고 말했다. 메데이아는 한동안 된다고도 안 된다고도 하지 않고 시간을 끌었다. 펠리아스의 딸들은 몸이 달았다. 펠리아스의 딸들이 며칠 동안이나 물러서지 않고 졸라대자 메데이아는 못 이기는 척하고, 한번 해보자면서 이런 말을 했다.

"그대들은 내 마법이 어느 경지에 올라 있는가를 알지 못합니다. 그러니까 이걸 보여드리기 위해, 그대들의 양 떼를 인도하는 늙은 우두머리 양에게 내 마법을 걸어 다시 어린 양으로 만들어 보이지요."

메데이아의 말이 떨어지기가 무섭게 펠리아스의 딸들이 시종들에게 명하여, 움푹 파인 관자놀이에 배배 꼬인 뿔이 달린 늙은 양 한 마리를 끌고 왔다. 나이를 얼마나 먹었는지 늙을 대로 늙고 마를 대로 마른 양이었다.

메데이아는 테쌀리아 사람들이 쓰는 칼로 이 양의 깡마른 목을 땄다. 워낙 늙은 양이라 흐르는 피의 양도 보잘것없어서 칼날이 겨우 젖을 정도였다.

메데이아는 이 양의 사지를 잡아 마법의 약과 함께 청동 항아리에 넣었다. 그러자 양의 사지가 순식간에 줄어들고 뿔이 없어지더니 잠시 뒤에는 새끼 양 한 마리가 메에 하고 울면서 청동 항아리 안에서

마법으로 죽은 양을 되살리다
메데이아는 펠리아스의 두 딸이 보는 앞에서 늙은 양을 죽여 마법의 약과 함께 청동 항아리에 넣었다. 그러자 죽은 양이 새끼 양이 되어 되살아난다. 기원전 5세기 고대 그리스 도기에 그려진 그림.

뛰어나왔다. 펠리아스의 딸들이 벌린 입을 다물지 못하고 있는데 이 새끼 양은 젖을 먹여줄 암양을 찾아 겅중겅중 뛰어 달아났다. 메데이아가 이로써 기적의 한 자락을 보이자 펠리아스의 딸들은 자기네 아버지에게도 같은 기적을 베풀어달라고 재촉했다.

태양신 헬리오스가 세 차례 서쪽 바다에 잠겨 천마로부터 멍에를 벗겨낸 날 밤, 별들이 하늘에서 빛나고 있을 즈음이었다. 메데이아는 가마솥에 맹물을 부어 불 위에 올리고는, 모양을 내느라고 별 효험도 없는 약초를 잔뜩 집어넣고 끓이기 시작했다.

펠리아스왕은 죽은 듯이 침실에 누워 있었다. 그의 신하들은 메데이아의 강력한 주문에 걸려 모두 깊이 잠들어 있어서 왕의 옆에 얼씬도 할 수 없었다. 펠리아스의 딸들은 메데이아의 명에 따라 아버지의 방, 아버지의 침대 곁에 앉아 기다렸다.

이윽고 준비가 어느 정도 끝나자 메데이아가 이들에게 말했다.

"왜 그렇게 구경만 하고 있는 것이지요? 칼을 뽑아 부왕의 핏줄을 자르고, 연세가 너무 드신 피를 모두 빼내어주어야 하지 않겠어요? 그래야 내가 그 핏줄에다 젊은 피를 채울 것이 아니겠어요? 그대들 아버지의 생명, 그대들 아버지의 회춘은 바로 그대들 손에 달려 있답니다. 그대들이 아버지를 사랑하거든, 그대들이 아직 희망을 버리지 않았거든 아버지에 대한 의무를 다하세요. 칼을 들어 아버지의 몸속을 흐르는 늙은 피를 한 방울 남김없이 비워내세요. 칼질 한 번이면 몸속의 피가 남김없이 흘러나올 테니까요."

메데이아의 귀밑 충동질에 귀가 솔깃해진 펠리아스의 딸들은, 그렇게 하지 않으면 불효막심한 죄를 짓는 줄 알고 우르르 아버지의 침대 곁으로 모여들었다. 효성이 지극한 딸이면 딸일수록 먼저 아버지를 찌르려 했다. 그러나 차마 아버지의 얼굴은 보지 못했다. 차마 아버지의 목으로 저희들 손에 든 칼이 들어가는 것은 볼 수 없었던 딸들은 아버지로부터 고개를 돌린 채로, 위치를 어림잡아 헤아리고 아버지의 목을 찔렀다. 펠리아스는 피투성이가 된 다음에야 눈을 뜨고 딸들을 바라보면서 침대에서 일어나려고 했다. 그러나 자신이 칼을 든 수많은 손에 둘러싸인 것을 안 순간 펠리아스는 두 팔을 벌리고 외쳤다.

"애들아, 무슨 짓이냐? 왜 칼을 들고 아비를 난도질하는 것이냐?"

펠리아스의 말에는 힘도 용기도 남아 있지 않았다. 펠리아스가 말을 이으려 하는 순간, 이번에는 메데이아가 칼을 뽑아 목을 도려버렸다.

메데이아는 그러고도 마음을 놓을 수 없었던지 고깃덩어리가 된 펠리아스의 몸을 가마솥의 끓는 물에다 집어넣어버렸다.

이아손은 이로써 빼앗겼던 나라를 되찾을 수 있었다.

메데이아는 이아손왕을 위해 왕자 둘을 낳았다. 그러고는 영웅 이아손과 오래오래 행복하게 잘 살았느냐 하면 그게 그렇게 되지 않았다. 이아손이 이웃 나라 공주에게 한눈을 파는, 인간의 세계에서는 드물지 않은 일이 생긴 것이었다. 메데이아가 누구던가? 이아손을 따라 나서면서, 아버지의 추격을 늦추게 한답시고 막냇동생 압쉬르토스를 난자해서 시체를 바다에다 던진 여자가 아니던가? 메데이아는 이아손에 대한 복수로, 제가 낳은 두 왕자를 죽여버렸다.

그러고는 날개 달린 용이 끄는 수레를 타고 하늘로 날아올랐다. 용이 끄는 수레를 타고 날아오르지 않았더라면 메데이아는 이아손왕의 손에 목숨을 잃었을 터였다. 날개 달린 용이 끄는 수레는 켄타우로스인 현자 케이론의 고향이자, 지아비 이아손이 소년 시절을 보냈던 펠리온산을 넘고, 오트뤼스산을 넘었다.

메데이아가 이렇게 이올코스에서 도망쳐 오랜 비행 끝에 당도한 나라가 바로 아테나이다. 아테나이 왕 아이게우스가 이 메데이아를

분노에 찬 메데이아
두 아들을 껴안은 메데이아의 손에서 단도가 시퍼렇게 빛나고 있다. 19세기 프랑스 화가 외젠 들라크루아의 그림.

맞아 왕비로 삼게 되는데, 테세우스가 우여곡절 끝에 아버지 아이게 우스를 찾아갔을 때, 이 테세우스를 독살하려고 했던 메데이아가 바로 이 메데이아다.

메데이아는 아테나이에서 다시 동쪽으로 도망쳐 한 나라를 세우니, 이 나라가 바로 지금의 중동 아시아에 있던 '메데아'라는 나라다.

'호모 비아토르(떠도는 인간)'는 나그넷길에 머물 때 아름답다. 이올코스에 정착한 이아손의 뒤끝은 이렇듯이 누추하다.

영웅은 머물지 않는다

호모 비아토르, '떠도는 인간'이라는 뜻이다.

'앎'과 '모름', '있음'과 '없음'이라는 말에 대한 옛사람들 생각은 오늘날 사람들의 생각과는 사뭇 달랐을지도 모른다. 옛사람들에게는 '아는 것'은 '존재하는 것', '모르는 것'은 '존재하지 않는 것'이었기가 쉽다. 이런 시대가 오래 계속되다가 사태는,

"우리가 몰랐던 것도 존재하더라. 따라서 존재하는 것 중에 우리가 모르는 것도 많이 있더라"

이런 쪽으로 굉장히 호전되었을 것이다.

우리는 사태를 이런 쪽으로 호전시킨 무수한 신인과 인간을 알고 있다. 붙박여 사는 삶의 지경을 넘어 모험과 시련의 들을 떠돌던 자, 인간이 알지 못하는 세계와 그 세계에 대한 무수한 경험을 마다하지 않았던 자들을 우리는 알고 있다. 이 경험을 통하여 이 '떠도는 자들'은 인간이 모르던 것을 알게 하고 존재하지 않던 것을 존재하게 했다.

이들은 신들의 뜻이라는 구실에 기대거나 인간에게 유익한 문화

금양모피를 손에 넣은 이아손
19세기 덴마크 조각가 베르텔 토르발센의 석고상. 코펜하겐 토르발센 박물관.

를 얻어 온다는 평계를 의지하고 먼 땅 먼 바다로 길을 떠난다. 우리는 이들이 '황금 사과'나 '황금 가지'나 '황금 양털'을 찾으러 먼 길을 떠난 것으로 믿는다. 그래서 우리는 신인이나 인간이 이러한 귀물의 수호자를 이기고 속히 그 떠났던 땅으로 돌아오기를 바란다.

그러나 이런 믿음과 희망을 앞세우고는 이러한 신인이나 인간이 존재의 불꽃과 자유에의 목마름에 쫓기는 까닭을 설명하지 못한다. '호모 비아토르', 이 존재의 앞소리꾼을 먼 땅 먼 바다로 내모는 것은 불로초나 불사약이 아니라 떠도는 땅을 나고 죽을 땅으로 삼고자 하는 순수한 자유에의 목마름이다.

일찍이 오비디우스가,
"금양모피 역시,
손에 넣는 수고에 비기면 하찮은 것……"
이라고 꿰뚫어 말했듯이.

나오는 말

　미국의 식당에서 손님을 접대하는 웨이터는 대개 매우 적은 월급을 받는 대신 손님이 주는 봉사료, 즉 팁으로 부족한 월급을 충당한다. 그래서 웨이터는 자존심이 허락하는 한 친절할 수밖에 없다. 학비를 벌기 위해 고급 중국 레스토랑에서 웨이터 일을 한 지 여러 해가 넘은, 눈이 파란 한 미시간주립대생은 그날도 식당으로 들어오는 손님들을 환한 웃음으로 맞이한다. 손님의 절반 이상이 그렇듯 동양 사람들로 이루어진 일행이다. 좌장으로 보이는 이는 동양인답지 않게 키가 크고 골격이 시원시원하며 머리에는 이상한 모자를 쓰고 있다.
　눈칫밥이 한두 해도 아니고 동양의 예절을 모르지 않는 웨이터는 먼저 이 중년의 남자에게로 가서 주문을 받는다. 그러자 웨이터의 명찰을 흘끔 쳐다본 남자가 반가운 얼굴로 말을 시작한다.
　"제이슨? 자네 이름이 제이슨인가?Jason? Your name is Jason?"
　웨이터는 앞서 말한 이유 때문에라도 미소를 잃지 않는다.
　"자네는 자네 이름이 고대 그리스 영웅의 이름에서 왔다는 것을 아는가? 물론 고대 그리스에서는 제이슨이라고 하지 않고 이아손이라고 했지. 이아손이 황금 양털가죽을 찾아오기 위해 목숨을 걸고 어둡고 위험한 바다로 나간 아주 위대한 영웅의 이름이라는 것을 알고 있었는가?"

눈치가 빠른 독자들은 이미 알아챘겠지만 이상한 모자를 쓴 중년 남자는 바로 나의 아버지, 이 책의 저자 이윤기다.

앞의 이야기는 꾸며낸 이야기가 아니다. 옆자리에 앉아 있었던 나는 제이슨의 약간은 난감해 보였던 표정이 생각난다. 나는 속으로 '또 시작이네' 하고 되뇌었던 것 같다. 아버지가 미국인을 붙잡고 그런 식의 대화를 한 것은 그때가 처음이 아니었기 때문이다.

아버지는 웨이터가 영웅 이아손의 이름을 그대로 물려받았다는 사실이 참으로 근사하다고 생각했을까? 아니면 그런 이름을 가진 청년이 중국 식당에서 웨이터로 일하고 있다는 상황이 재미있다고 느꼈을까? 아무튼 확실한 것은 그러한 대화를 시작하는 아버지의 눈이 참으로 생생하게 빛났다는 것이다.

이처럼 아버지에게 신화는 한 인간이 다른 인간을 이해하는 데 유용한 도구였다. 아버지가 그처럼 신화를 탐독하고, 등장인물의 이름을 달달 외고, 신화를 그린 그림이 담긴 화집을 모은 것은 신화를 학문적 탐구의 대상으로 보았기 때문이 아니다. 신화가 담긴 고문서의 여러 판본 가운데 어느 것이 더 신빙성이 있는가, 유물의 연대가 어느 것이 더 정확한가 하는 문제들은 아버지에게 아무래도 상관없었을 것이다.

　이윤기에게 신화는 세상에 대해 알아가고, 인간에 대해 알아가고, 곧 나에 대해 알아가기 위한 도구였다.『이윤기의 그리스 로마 신화』는 이윤기가 알게 된 것을 우리도 알 수 있게끔 도와주는 통로였다. 왜? 아는 사람에게만 보이니까. 세상의 수많은 상징을 잉태한 신화를 알면 세상이 보이고, 그것을 고스란히 물려받은 인간을 알면 인간이 보이고, 그 속에 있는 내가 보인다. 보이면 이해할 수 있고, 이해하면 애정이 생긴다. 제이슨이라는 이름의 유래를 알고 그것을 말하기를 두려워하지 않는 사람과 제이슨 간에 순식간에 형성되는 유대를 상상해보라.

　그런데 이것은 신화뿐만이 아니라 나아가 어느 지식에든 해당되는 이야기라는 생각이 든다. 결국 아버지는 지식을 나와 타인, 세상을 이해하는 수단으로 삼을 때 그 삶이 얼마나 따뜻할 것인지 전하고자 했던 것 같다. 그래서 그런지 아버지는 참 정이 많았다. 불교적 해탈에 대해, 집착을 버리는 것에 대해 자주 이야기했지만 정작 아버지는 사람과 동물과 사물이 띠고 있는 온갖 의미를 늘 귀중하게 여겼다.

지난 늦여름, 대지의 여신 데메테르가 딸 페르세포네와의 반년간의 작별을 앞두고 마음이 무척 쓸쓸했을 무렵, 아버지도 세상과 작별했다. 나는 신화를 좀 더 읽었어야 했을까, 처음에는 영원한 이별이 무엇을 의미하는지 잘 알 수 없었다. 그런데 하나둘씩 그 추상적인 관념이 구체적인 모습으로 드러나기 시작했다. 영원한 이별은 내게 더 이상 '아빠'라고 부를 사람이 없다는 뜻이다. 바쁜 일상을 소소히 전자우편에 담아 보내도 '쉬엄쉬엄 하려므나' 짤막한 답장조차 오지 않는다는 뜻이다. 그리고 독자 여러분, 『이윤기의 그리스 로마 신화』 6권은 없다는 뜻이다.

1권에서 아버지는 신화라는 자전거를 탄 독자들에게 말하기를 "일단 자전거에 올라 페달을 밟기 바란다. 필자가 뒤에서 짐받이를 잡고 따라가겠다"라고 했다. 이제 우리는 꼼짝없이 우리 힘으로 페달을 밟아 균형을 잡아야 한다. 하지만 짐받이를 잡고 따라와줄 아버지가 있었던 사람은 얼마나 행복한가. 내가 갑작스럽게 찾아온 아버지와의 이별을 소화해내기 힘들었듯 이것은 그리스 로마 신화를 아끼고 이윤기를 아꼈던 독자 여러분에게 청천벽력 같은 소식일 수 있다는 것을 안다.

내가 할 수 있는 것은 『이윤기의 그리스 로마 신화』를 사랑해준 독자 여러분에게 아버지를 대신하여 마음 깊은 곳으로부터 뜨거운 감사를 전하는 일뿐이다.

2010년 10월
아버지를 대신하여
이다희

찾아보기

ㄴ

나우폴리오스 141, 150, 155, 172
네메시스 127
네펠레 96, 98, 99

ㄷ

달마 82, 83
데메테르 118, 119, 120, 123, 125, 241, 276
도도네 106, 107, 108, 148
디오스쿠로이 137, 138, 139, 186

ㄹ

레다 134, 135
레아 175, 176
륀케우스 138, 141, 156, 167, 172, 173, 180, 190, 193, 210, 211

ㅁ

메데이아 79, 81, 112, 217, 218, 225, 226, 228, 230, 231, 232, 233, 234, 235, 236, 237, 238, 240, 241, 243, 244, 247, 251, 252, 253, 255, 256, 257, 258, 259, 260, 261, 262, 263, 264, 265, 266, 268, 267, 269
멜레아그로스 42, 142, 157, 161
모노산달로스 72, 73, 74, 83, 84, 90, 92, 93, 252
몹소스 141, 147, 148, 149, 155, 157, 161, 162, 163, 164, 172, 175, 178, 190, 199, 202, 232
미노스 230

ㅂ

보레아스 141, 146, 189, 191, 194, 196

ㅅ

셀레네 189, 231, 232, 257
쉼플레가데스 13, 14, 15, 16, 34, 36,
　　　　　　198, 199, 200, 201, 202, 203,
　　　　　　204, 205, 209, 229
스퀼라 229, 230
시모니데스 138, 139, 140
시뷜레 107
시쉬포스 122, 124, 127, 128

ㅇ

아가멤논 134
아레스 211, 220, 223, 224, 225, 235,
　　　　237, 238, 239, 240, 241, 243,
　　　　246
아르고나우타이 15, 49, 144, 145, 146,
　　　　　　　　147, 148, 155, 157, 158, 159,
　　　　　　　　160, 166, 167, 172, 173, 174,
　　　　　　　　175, 177, 180, 185, 187, 188,
　　　　　　　　189, 192, 197, 200, 201, 202,
　　　　　　　　209, 210, 212, 214, 215, 216,
　　　　　　　　238, 240, 242, 243
아르고스 25, 102, 103, 104, 105, 107,
　　　　　108, 111, 121, 140, 143, 150,
　　　　　212, 213, 215, 231
아리스타이오스 116, 117, 120, 121
아리아드네 22, 230
아뮈코스 185, 186, 187
아스클레피오스 49, 50, 142, 143, 160
아이게우스 76, 78, 79, 81, 82, 112, 267
아이손 53, 54, 55, 56, 89, 91, 92, 93, 94,
　　　　143, 252, 253, 259, 260, 261,
　　　　263
아이에테스 101, 213, 215, 216, 218,
　　　　　　219, 220, 223, 224, 225, 226,
　　　　　　231, 235, 237, 238, 239, 241,
　　　　　　243, 253
아이탈리데스 241, 242
아킬레우스 41, 43, 44, 50, 51, 142, 196
아타마스 96, 97, 98
아탈란테 141, 142, 148, 157, 161, 166,
　　　　　178
아테나 104, 107, 144, 147, 164, 217,
　　　　222, 244, 246
아폴로니오스 35, 105
아폴론 18, 21, 49, 50, 72, 73, 76, 97, 98,
　　　　107, 112, 113, 147, 151, 156,
　　　　189
아프로디테 21, 31, 122, 124, 157, 159,
　　　　　　161, 164, 165, 166, 168, 217,
　　　　　　243
알키메데 89, 92
암피아라오스 141
암피트뤼온 230, 231
압쉬르토스 251, 267
에로스 120, 122, 217, 225, 230, 232
에르기노스 160, 167
에리뉘에스 127, 174, 176
에우로페 221

에우뤼디케 46, 47, 114, 115, 116, 117,
　　　　　119, 121, 122, 124, 125, 126,
　　　　　129, 130, 131, 133
에우페모스 141
오르페우스 46, 47, 112, 113, 114, 115,
　　　　　117, 118, 119, 120, 122, 123,
　　　　　124, 125, 126, 127, 129, 130,
　　　　　131, 132, 133, 134, 137, 141,
　　　　　143, 147, 149, 151, 160, 171,
　　　　　172, 174, 190, 196, 216
오비디우스 226, 246, 252, 253, 272
유비 61, 62, 63, 64
이노 96, 97, 98
이다스 138, 141
이도몬 201, 202, 209, 210, 214
이리스 194, 195, 196
익시온 127, 141

ㅈ

장자방 62, 63
정현 61, 64
제우스 21, 45, 48, 70, 71, 97, 98, 101,
　　　　106, 107, 113, 127, 133, 134,
　　　　135, 138, 147, 151, 155, 156,
　　　　186, 189, 190, 191, 194, 195,
　　　　197, 218, 221, 234
제토스 141, 146, 167, 178, 180, 189,
　　　　192, 193, 194

ㅋ

카드모스 220, 221, 222, 223
카론 122, 123, 124, 125
카베이로이 165
카스말로스 99, 107
카스토르 134, 135, 136, 137, 138, 140,
　　　　　161, 167, 186
카이사르 59, 60
칼라이스 141, 146, 167, 178, 180, 189,
　　　　　192, 193, 194, 196
칼리오페 113, 114, 133
칼키오페 101, 213, 217, 219, 225, 231
케르베로스 121, 124, 125
케이론 44, 45, 48, 49, 50, 51, 56, 65, 68,
　　　　91, 160, 189, 267
코마이토 230
퀴벨레 33, 175
퀴지코스 171, 172, 174, 175, 177
클레이테 171, 174, 175
클뤼타임네스트 134

ㅌ

탄탈로스 125, 127, 128, 190
테세우스 22, 35, 75, 76, 77, 78, 79, 80,
　　　　　81, 82, 111, 112, 119, 121, 124,
　　　　　136, 137, 142, 143, 230, 269
테티스 42, 43
토아스 161, 162

티튀오스 127
티퓌스 141, 149, 155, 167, 178, 201,
　　203, 204, 209, 210, 214

ㅍ

팔레로스 148, 167, 190
페르세포네 120, 122, 123, 124, 125,
　　126, 128, 275
페리클뤼메노스 141, 147, 185
페이리토스 136, 137, 142, 143, 157, 158
펠레우스 41, 42, 44, 142
펠리아스 52, 53, 54, 55, 56, 59, 68, 70,
　　72, 74, 89, 90, 91, 92, 93, 95,
　　96, 101, 146, 218, 219, 221,
　　252, 256, 262, 263, 264, 265,
　　266, 267
포다르게 196
포세이돈 70, 141, 147, 185
폴뤼데우케스 134, 135, 136, 137, 138,
　　140, 141, 146, 148, 160, 167,
　　186, 190
퓌티아 107
프릭소스 94, 96, 99, 100, 101, 171, 212,
　　213, 215, 217, 218, 219, 225,
　　231
프쉬케 119, 122, 124
플루타르코스 35
피네우스 189, 191, 192, 195, 196, 197,
　　198, 199, 200, 201, 202, 203,
　　210, 212, 213, 214

ㅎ

하데스 103, 117, 120, 123, 124, 125,
　　126, 128, 129, 141, 197, 199
하르퓌아이 190, 191, 192, 193, 194,
　　195, 196, 198
헤라 21, 45, 66, 70, 71, 73, 74, 93, 107,
　　108, 143, 147, 148, 156, 168,
　　194, 216, 217, 224, 231
헤라클레스 21, 22, 25, 49, 50, 111, 119,
　　121, 124, 141, 142, 145, 146,
　　150, 156, 157, 158, 160, 161,
　　162, 163, 164, 166, 167, 168,
　　173, 178, 180, 181, 185, 186,
　　210, 211, 212, 214, 244
헤르메스 98, 99, 101
헤베 259
헤카테 217, 229, 230, 231, 232, 233,
　　234, 255, 256, 259
헤파이스토스 140, 155, 156, 159, 186,
　　216, 218
헬레 96, 99, 100, 101, 171
헬레네 134, 136, 137
헬레스폰토스 100, 171, 172
황석공 62, 63
휘메나이오스 114, 115
휩노스 218
휠라스 142, 148, 157, 160, 166, 174,

　　　　　177, 178, 179, 180, 181, 210,
　　　　　214
휩시퓔레　158, 159, 160, 161, 162, 163,
　　　　　164, 165, 167, 217, 237

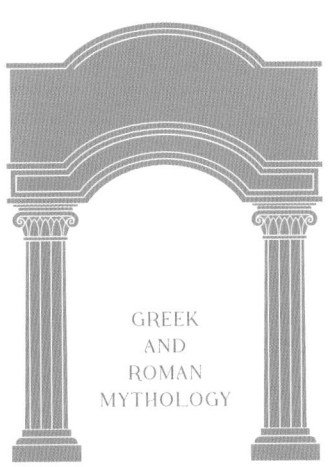

GREEK
AND
ROMAN
MYTHOLOGY

자료 출처

43쪽 ⓒ송학선
66쪽 ⓒIvy Close Image/Alamy Stock Photo
106쪽 ⓒEverett-art/Shutterstock.com
126쪽 ⓒagefotostock/Alamy Stock Photo
144쪽 Bequest of Phyllis Massar, 2011/The Metropolitan Museum of Art
203쪽 ⓒThe Trustees of the British Museum(CC BY-NC-SA 4.0)

이윤기의 그리스 로마 신화 5

초판 1쇄 발행 2010년 10월 15일
개정판 1쇄 발행 2024년 10월 30일

지은이 이윤기

발행인 이봉주 **단행본사업본부장** 신동해
편집장 김경림 **책임편집** 김윤하 **편집** 김종오 최은아
디자인 최희종 **마케팅** 최혜진 이은미
홍보 반여진 **제작** 정석훈

브랜드 웅진지식하우스
주소 경기도 파주시 회동길 20
문의전화 031-956-7366(편집) 02-3670-1123(마케팅)
홈페이지 www.wjbooks.co.kr
인스타그램 www.instagram.com/woongjin_readers
페이스북 www.facebook.com/woongjinreaders
블로그 blog.naver.com/wj_booking

발행처 ㈜웅진씽크빅
출판신고 1980년 3월 29일 제406-2007-000046호

ⓒ 이윤기, 2024
ISBN 978-89-01-28991-5 04210
      978-89-01-28986-1 04210 (세트)

• 웅진지식하우스는 ㈜웅진씽크빅 단행본사업본부의 브랜드입니다.
• 책값은 뒤표지에 있습니다.
• 잘못된 책은 구입하신 곳에서 바꾸어 드립니다.